AF360322

REPONSE

AU SECOND MEMOIRE INSTRUCTIF du *Pere Jean-Baptiste Girard Jesuite.*

POUR DEMOISELLE CATHERINE CADIERE DE la Ville de Toulon, Querellante en Crimes d'Enchantement, de Quietifme, d'Incefte Spirituel, d'Avortement, & de Subornation de Témoins.

CONTRE

Ledit Pere Girard, Querellé.

I les Mémoires du Pere Girard n'ont d'autre objet (comme difent les Jefuites, qui en font les Auteurs) que d'effacer de l'efprit du Public les idées défavantageufes, qu'il s'eft formée de lui fur les Factums de fes Parties, & de lui perfuader fa prétenduë innocence, on peut dire qu'il n'y eut jamais des ouvrages plus inutiles, & que leur aveuglement ne cede guere à celui de leur Confrere. En effet, croyent-ils de donner fi aifément le change au Public fi bien inftruit de ce procès ? Croyent-ils que le Public, fi éclairé, fi jufte eftimateur de la vertu, & du merite, l'Arbitre Souverain de la réputation des hommes, le vrai Juge de leur innocence, prendra de vaines phrafes, & de fophifmes pour des raifons, & des preuves ; de fupofitions, & des impoftures, pour des verités ; le crime pour la vertu : Qu'il préferera leur affertion évidemment fauffe, à la conviction qu'il a de fes crimes ; & qu'il le croira innocent, parce qu'ils ont la temerité de le dire, contre fes propres Aveus ; comme fi on ne fçavoit pas que le menfonge eft leur feule deffenfe ?

Ce nouveau Mémoire du P. Girard eft un fecond Roman, encore plus méprifable que le premier. On n'y trouve aucune trace, ni de la verité, ni des Maximes du Palais, ni même des Régles de la Dialectique : il eft fans aucun ordre ; on y fait des differents chapitres de pretextes, qui à peine pourroient faire la matiere de quelques mauvaifes objections : l'on n'y voit que des repetitions ennuyeufes : on y garde un profond filence fur nos raifons les plus effentielles, & fur nos preuves les plus fortes : on repete de fang-froid les mêmes pretextes qu'on avoit avancés dans le premier Mémoire, & que nous avons fi invinciblement détruits par nôtre Réponfe, fans rien répondre aux raifons que nous avons employées pour en montrer la fauffeté. En un mot, c'eft une défenfe dont tout le merite fe reduit à nier fans

A

pudeur la verité, la mieux conftatée, & à avancer les fauffetez, & les impoftures les plus averées. Il eft évident que cet ouvrage fi Jefuitique, qui ne part pas de la main de l'Avocat, qui a eu la facilité d'y prêter fon nom, mais de quelque Regent d'Humanité, n'a été fait principalement que pour donner l'échange à des Païs éloignez, où les Mémoires des autres Parties ne puiffent pas pénétrer par les artifices des Jefuites ; car par tout ailleurs, il ne trouvera de la part du Public que le mépris qu'il merite.

Comme on n'avance prefque rien dans ce fecond Mémoire, qui n'ait deja été détruit d'une maniere fans replique par les nôtres ; & que d'ailleurs le peu de tems qu'il nous refte entre-icy & le Jugement, puifqu'il y a deja trois jours que cette affaire eft fur le Bureau, ne nous permet pas de faire une longue Réponfe à un Ecrit, qui n'en meriteroit même aucune, nous en ferons une auffi briéve réfutation que nous pourrons, & nous nous raporterons aux endroits de nos précedents Mémoires pour tous les pretextes, qu'on ne fait icy que repeter. Quoique leur ordre foit fi mal imaginé, & fi peu naturel, nous nous y affujetirons pourtant, afin de les fuivre pied à pied, & de leur montrer avec plus d'évidence qu'il n'y a que des Jefuites qui puiffent donner au Public une pareille deffenfe, & foutenir une caufe auffi defefperée, & auffi odieufe que celle de leur Confrere.

PREMIERE PARTIE,

REPONSE A LA PREMIERE DEFENSE du Pere Girard, fondée fur ce que la Demoifelle Cadiere eft convaincuë par fes Lettres de duplicité, de menfonge, de contradiction, & de fourberie.

Bien loin que la Querellante foit convaincuë par fes Lettres de duplicité, de menfonge, de contradiction, & de fourberie, comme le dit fi fauffement le Querellé, c'eft au contraire, lui qui en eft convaincu tant par les Lettres de la Demoifelle Cadiere, qu'il produit, que par les fiennes propres. Il fuffira pour le montrer de parcourir les endroits qu'il en raporte & qu'il oppofe, & de rapeller quelques uns des fiennes.

Le P. Girard veut tirer la premiere de ces preuves de la Lettre du 19. May dattée d'Aix, & neanmoins faite à Toulon. L'Auteur des Reflexions, & des Apoftilles fur les Lettres, avoit prétendu que celle-ci étoit une preuve que la Cadiere & fes Freres avoient trompé l'Accufé, par cela feul qu'elle avoit été dattée d'Aix, quoi qu'elle eût été faite à Toulon, qu'elle ne parloit que des peines qu'elle avoit fouffertes le premier jour de fon voyage, & que la Relation qu'elle lui avoit remife à fon retour, ne parloit que des graces, qu'elle avoit reçuës.

Le P. Cadiere, qui avoit écrit la minute de cette Lettre, & cette Relation, & à qui l'Accufé en faifoit un crime, a montré à la pag. 16. 17. & 18. de fon Mémoire, la fauffeté de toutes les inductions que le P. Girard en avoit voulu tirer ; que fi cette Lettre avoit été faite par les freres de la Cadiere à Toulon, & dattée d'Aix, c'eft parce qu'il lui avoit ordonné de lui envoyer une Lettre d'Aix, & que ne fachant pas écrire, & le P. Girard voulant même que toutes les Lettres de fa Pénitente qu'il vouloit faire fervir un jour à fa Canonifation, fuffent du même caractere, il faloit bien qu'elle la fît écrire à fes Freres, qui étoient à Toulon. Si cette Lettre parle de la continuation des peines de fon état d'Obfeffion dans le premier jour de fon voyage, c'eft parce que le P. Girard, à qui cet état étoit fi connu, comme cette Lettre le dit, lui avoit prédit la continuation de fes peines, & cette prédiction, qui n'eft pas la feule que l'Accufé a faite, étoit bien facile à faire. Si cette Lettre ne fait pas le détail des graces que la Demoifelle Cadiere avoit reçuës dans ce voyage, que le P. Girard lui avoit également prédites, c'eft parce qu'elle se reservoit de le lui faire à son retour. Elle dit par cette Lettre qu'elle lui declarera de vive voix à son arrivée à Toulon les miséricordes dont Dieu l'aura favorisée pendant son voyage : *Resoluë que je suis à vous declarer de vive voix à mon arrivée à Toulon les misericordes particulieres, dont le Seigneur aura daigné me favoriser pendant mon eloignement.* D'abord qu'elle est de retour à Toulon, elle lui en fait le détail de vive voix : le P. Girard ne s'en contente pas ; il le veut par écrit pour lui servir de preuve de ses prodiges : elle le fait écrire à son frere le Jacobin, & le remet à l'Accusé avec la minutte de cette Lettre, que le P. Cadiere avoit faite à Toulon. Où est donc la contrarieté entre cette Lettre & ce Mémoire ? Où est la supercherie de la part de la Demois. Cadiere, & de ses Freres ? Et la remission de cette Relation, & de la minutte de cette Lettre écrites de la main du Jacobin au P. Girard qui étoit deja saisi de cette Lettre mise au net par l'Abbé Cadiere, ne prouve-t'elle pas bien leur bonne foy, & en même tems le dol de l'Accusé, qui ne ramassoit tous ces écrits, que pour tromper le Public, en lui faisant accroire que tous ces faits extraordinaires qu'il sçavoit n'être que des illusions de l'Obsession, dont il étoit l'Auteur, & qui lui étoit si connuë, étoient des prodiges de la Grace.

Aussi il l'a si bien reconnu ainsi, que dans son second Mémoire toute la fourberie qu'il impute à la Demois. Cadiere au sujet de cette Lettre, est d'y avoir dit qu'elle avoit mis la plume à la main, pour lui donner de ses nouvelles, tandis, dit-il, qu'elle n'a jamais mis la plume à la main, pas même pour signer son nom. Q'elle pitoyable observation ! Depuis quand ces expressions sont-elles deffenduës dans les Lettres que les illiterez font écrire ? Et les Lettres écrites de leur ordre, ne sont elles pas regardées comme s'ils les avoient écrites eux-mêmes ? *Qui per alium facit per se facere videtur.*

Il dit que cela l'avoit induit à croire qu'elle avoit écrit elle-même cette Lettre, & il ajoûte qu'une fois qu'il étoit dans cette persuasion, toutes les Lettres, qu'il reçut ensuite du même caractere, devoient necessairement lui persuader que c'étoit elle qui les avoit écrites, parce qu'il n'avoit vû du caractere du Dominicain, qu'au mois d'Août qu'elle lui remit la derniere partie du Carême écrite de la main de celui-cy, & que lui ayant demandé qui l'avoit écrite, elle lui repondit que c'étoit elle-même ; qu'elle se servoit comme elle vouloit de deux caracteres differents, & que pour le mieux tromper, l'Abbé Cadiere dans les trois dernieres Lettres de sa Sœur avoit ridiculement imité le caractere du Dominicain, comme Messieurs les Juges pourront le reconnoitre dans les Originaux joints à la procedure.

C'est là le comble de la mauvaise foy, & même de l'impudence, & pour en être convaincu, il suffit de faire reflexion, que non seulement la Demoiselle Cadiere à son retour d'Aix avoit remis au P. Girard la Relation de son voyage, & la minutte de la Lettre du 19. May écrite par le P. Cadiere, de sorte qu'il eut dez lors les deux caracteres des freres Cadiere, puisque le mis au net de cette Lettre avoit été fait par l'Abbé ; mais encore au commencement de Juin avant qu'elle fût au Couvent, elle lui avoit remis la minutte de la Lettre qu'elle écrivoit au Pere Alexis, la premiere partie du Memoire du Carême contenant les dix premiers jours, tout cela écrit de la main du Dominicain, & le Mémoire de la Sœur de Remusat écrit partie par l'Abbé, & partie par le Jacobin, outre la Lettre envoyée par la Cadiere à l'Abbesse du Couvent Sainte Claire d'Ollioules écrite par le P. Cadiere que l'Accusé avouë dans ses Réponses d'avoir lûë, & dont il veut même faire un pretexte de s'être enfermé avec sa Penitente. Tout cela ne proûve-t'il pas bien que c'est une imposture évidente de la part de ce Jesuite de dire :

1°. Que la Lettre du 19. May l'avoit induit à croire que la Cadiere l'avoit écrite elle-même.

2°. Que cette persuasion ne lui avoit pas permis de douter, que toutes les autres Lettres, qu'elle lui avoit envoyées & tous les Memoires qu'elle lui avoit remis ne fussent de son écriture.

3°. Qu'il n'avoit vû de l'écriture du Dominicain qu'au mois d'Août, qu'elle lui remit la seconde partie du Carême écrite de la main de son Frere le Jacobin.

4°. Qu'alors elle lui avoit dit qu'elle se servoit comme elle vouloit de deux caracteres differents.

5°. Que pour le mieux tromper l'Abbé dans les trois dernieres Lettres de sa Sœur avoit ridiculement imité le caractere du Dominicain. Nous ajoûterons que cette derniere supofition est d'autant plus ridicule, qu'outre qu'elle est détruite par l'aspect des pieces : D'ailleurs si toutes les Lettres qu'il avoit reçûës de la part de la Demoiselle Cadiere à l'exception des trois dernieres avoient été écrites par le Dominicain, à la bonheure de supofer que l'Abbé eût contrefait son caractere, & taché dans celle-cy d'imiter celui de son Frere, pour ne pas montrer au P. Girard deux caracteres differents, & pour lui persuader que sa Sœur avoit écrit toutes ses Lettres : mais que tandis que generalement toutes les Lettres envoyées à l'Accusé de la part de la Querelante, comme la Cour le verra par les Originaux, avoient été écrites par l'Abbé, il eût voulu dans les trois dernieres deguifer son caracte-re, & contrefaire celui du Dominicain ; n'est-ce pas la plus grande de toutes les absurdités, & le langage d'un homme qui parle à titre de menteur, & qui croit se faire honneur de ses impostures ? Voilà certes une maniere bien propre à persuader au Public l'innocence du P. Girard, & à effacer les idées defavantageuses qu'il a conçûës de lui.

Cela fait voir en même tems la fausseté de l'induction, que l'Accusé a voulu tirer des termes de l'apostille de la Lettre du 15. Juin, pour en conclurre qu'elle vouloit lui persuader que c'étoit elle-même, qui écrivoit les Lettres qu'elle lui envoyoit. Ce qu'il y a de plus singulier c'est qu'il s'avife d'ajoûter, que l'Abbé qui lui portoit souvent les Lettres de sa Sœur ne lui avoit pas declaré formellement qu'elles n'avoient pas été écrites de la propre main de celle-cy, & que la Demoiselle Cadiere par ses réponses a avoüé, qu'elle ne lui avoit pas fait une declaration formelle, que ses Lettres n'étoient pas écrites de sa main ; comme s'il ne suffifoit pas au P. Girard de sçavoir par lui-même, qu'elle ne sçavoit pas écrire, & de voir par les deux caracteres de ses Freres, qu'il avoit dans ses mains & sous ses yeux, que c'étoient eux qui écrivoient tous les Memoires, & toutes les Lettres de leur Sœur. Falloit-il à tout cela joindre encore un Acte formel & exprès de notification, que ces Lettres, & ces Memoires n'avoient pas été écrits par la Demoiselle Cadiere elle-même, mais par ses Freres ? Une pareille notification auroit été aussi inutile que ridicule, *Qui certus est amplius certiorari non debet.*

La troisieme induction de pretendüe fourberie est tirée de ces termes de la Lettre de la Querelante du 15. Août *Vous pouvés pourtant vous assurer, que je ne negligerai rien de mon côté ; que je passeray même les nuits, s'il est necessaire malgré mes incommodités, pour vous donner entierement la vie de celle qui ne devroit pas meriter vos attentions* (il s'agit ici du Memoire du Careme.) Or, dit l'Accusé, quel mensonge ! Quelle duplicité ! d'écrire qu'elle y passera les nuits, tandis que ses Freres, qui ont écrit cecy avoüent à present, que leur Sœur ne sçavoit pas écrire, & qu'elle s'est toûjours servie de leur main. Le moyen que le P. Girard n'y fût pas trompé, & qu'il ne crût pas que cette Fille travailloit effectivement à ce Memoire ?

Quel argument est celui-là ? Et qui peut n'en pas sentir toute l'équivoque ? 1°. Cette expression figurée ; *Je ne negligeray rien de mon côté ; je passeray même les nuits s'il est necessaire pour travailler à ce Memoire*, signifie-t'elle autre chose, si non qu'elle acheveroit le plutôt qu'elle pourroit ce Memoire du Carême, & qu'elle n'y perdroit point de tems ? La fureur que le P. Girard avoit d'avoir ce Carême pour en faire un jour un titre de sainteté pour sa Penitente, lui auroit-il fait exiger d'elle qu'elle y travaillât tout le jour & toute la nuit, & sans un seul moment de relache, jusques à ce qu'il fût fini, & que le premier effet de ce Memoire fût d'être la cause necessaire de sa mort ?

2°. Quoique ses Freres ne fussent pas dans sa chambre, pour écrire pendant la nuit ce Carême, n'y pouvoit-elle pas travailler, & n'y travailloit-elle pas effectivement la plus grande partie de la nuit en rapellant, & en rangeant dans sa memoire les faits, qui devoient entrer dans ce Carême ? Ainsi quand on voudroit

prendre

prendre cette expression dans son sens litteral, & naturel, elle ne renfermeroit ni mensonge, ni duplicité.

3°. Comment auroit-elle pû avoir la pensée de vouloir lui persuader par sa Lettre du 17. Août, qu'elle écrivoit elle-même le Memoire du Carême, & que ses Freres, n'y touchoient point, tandis que depuis le mois de May, ou le commencement de Juin précédent, elle lui avoit remis la premiere partie de ce Carême, & le Memoire du voyage d'Aix écrits de la main du Dominicain, & le memoire qu'il avoit fait faire à la Cadiere au sujet de la Sœur de Remusat, écrit partie par le Jacobin, & partie par l'Abbé son Frere?

L'Accusé tire sa quatriéme induction de pretenduë fourberie de la Lettre de la Demoiselle Cadiere du 8. Août, où elle dit : *Ce matin on m'a donné une medecine qui m'a tellement épuisée, & bouleversée, qu'elle ma causé un crachement de sang, qui m'oblige de garder le lit.* Autre imposture, dit-il ; car comment ses Freres, qui n'étoient pas dans sa chambre auroient pû écrire cette Lettre. Voilà certes une belle preuve de fourberie ; lui dit-elle par cette Lettre, qu'au moment qu'elle est écrite, elle est au lit ? Et auroit-il crû qu'*épuisée* & *bouleversée* par la violence de la medecine qu'elle avoit prise le matin, elle eût écrit au lit-même une Lettre de trois ou quatre pages comme est celle-cy ? Il est bien vrai que la medecine qu'elle avoit prise, l'avoit obligée à garder le lit tout le matin ; mais elle se leva ensuite l'après-dîné, & pour satisfaire l'impatience, que son Directeur avoit d'avoir de ses Lettres, comme il paroit par toutes celles de celui-cy, elle descendit toute foible qu'elle étoit au Parloir soutenuë par la Dame de Lescot Maitresse des Novices, & par la Dame de Reimbaud, pour dicter cette Lettre à ses freres, comme il seroit facile de le prouver, s'il étoit necessaire par le temoignage de ces deux Religieuses, qui sont d'une probité & d'une vertu si reconnües.

La presomption de fourberie, que l'Accusé veut tirer d'une part, de ce que la Demoiselle Cadiere n'a signé aucune de ses Lettres, & de l'autre, de ce que le Dominicain n'a fait aucun mis au net des mêmes Lettres, & que ç'a toûjours été l'Abbé, & que cependant il paroit par la procedure qu'elle a signé, & même qu'elle a écrit la permission par elle donnée au Carme de reveler sa confession, n'est qu'une mauvaise équivoque bien facile à demêler. Car si elle n'a signé aucune des Lettres envoyées au P. Girard, c'est qu'alors elle ne sçavoit pas encore écrire ; si elle a signé dans la Procedure, si elle a même transcrit la permission qu'elle a donnée au Carme de reveler sa confession, c'est parce qu'elle avoit ensuite apris à écrire ; le P. Girard ne dit-il pas dans son premier Mémoire, que l'Abbé Cadiere a enseigné d'écrire à sa Sœur ? Enfin si le Pere Cadiere n'a fait aucun mis au net des Lettres, outre qu'on ne pourroit jamais attribuer cela à aucun dessein de faire accroire au Pere Girard, que c'étoit sa Sœur qui écrivoit elle-même les Lettres, & les Memoires, puisque celui-cy avoit en son pouvoir des minutes des Lettres, & des Memoires du caractere du Jacobin, comme on vient de le montrer ; d'ailleurs c'est parce que le P. Girard vouloit que toutes les Lettres qu'il recevoit de la Demois. Cadiere fussent écrites, & signées de la même main ; il avoit ses raisons, nous les avons deja touchées ; c'est ainsi qu'on confond les tems, & les choses pour tirer de fausses consequences.

La cinquieme pretenduë presomption de fourbérie tirée des Lettres de la Demois. Cadiere est fondée sur celle du 22. Juin, où elle dit : *A peine eut-il prononcé ces paroles, que je me vis tout à coup le visage tout couvert de sang, mes deux mains percées à jour, mes playes soit des pieds, soit du côté, qui repandoient une grande quantité de sang.* Or, ajoûte l'Accusé, personne n'a jamais vû le sang couler de ses playes : si ce n'est le P. Nicolas, ses deux freres, ne soûtiendront pas même qu'elle ait eut les deux mains percées à jour : il doit resulter de la procedure qu'elle n'avoit jamais eu des playes aux mains, mais seulement un point rouge, loin qu'elles fussent percées à jour, & ses plaïes des pieds n'eurent jamais que la profondeur d'un écu. Nous convenons que la Cadiere n'a jamais eu les mains, ni les pieds percés à jour ; que les Stigmates des mains n'étoient pas fort marquez en dehors,

B

6

& que ceux des pieds n'étoient ordinairement profonds que de l'épaisseur d'un écu ; mais qui ne voit que ce qui est marqué par cette Lettre n'étoit que l'effet de l'Obsession, & des illusions dont elle est accompagnée. Les Jesuites sont-ils si peu Instruits de ces matieres traitées si profondement par Thiræus, par Delrio, & par Theophile Reinaud trois de leurs Confreres, pour ignorer cela, sans y joindre les Theologiens & les Docteurs : *portentosis execrandisque illusionibus constat*, comme dit Dumoulin.

La sixiéme est tirée de ces termes de la Lettre du 3. Juillet : *Ensorte que me trouvant incapable de pouvoir communier avec la Communauté, Nôtre Seigneur daigne le faire d'une maniere digne de lui.* Le Querellé a apellé cela une imposture sacrilege ; sans faire reflexion d'une part que ce fait est prouvé par la procedure, comme nous l'avons fait voir au chapitre *du Sortilege.* Si elle croyoit alors que c'étoit Dieu qui l'avoit communiée, c'est parce qu'elle ne sçavoit pas encore que ce fût là un prestige de l'Obsession ; cette connoissance étoit reservée au P. Girard ; & que de l'autre, il est prouvé que celui-cy avoit dit devant deux Religieuses, le jour de la Transfiguration du 7. Juillet, qu'il l'avoit Communiée par transport, comme il est prouvé par la deposition de la Dame de Guerin 26. temoin, & par la confrontation des Dames de Lescot, & de Reimbaud avec la Querellante. Comment faut-il apeller cela ? Est-ce de la part de ce Jesuite une fourbe punissable ? Ou une impieté sacrilege digne du feu ?

Il tire la septiéme, de la Lettre de la Demoiselle Cadiere du 21. Juillet, où elle disoit : *Vous sçavez, que je suis obligée de manger gras le Vendredy & le Samedy par l'impossibilité où je suis de manger maigre à l'avenir ; on me presse de vous dire que puisque vous voulez des miracles vous en aurez pour vous rassurer sur ce sujet ;* Il ajoûte qu'il y a ici une imposture, & une irreligion ; que c'étoit là un faux pretexte pour faire gras le Vendredy, & le Samedy ; & que c'est à cela qu'il faut apliquer les termes de sa réponse du même jour : *Vous ètes une inconstante, ce seroit bien pis si vous deveniez gourmande ;* & que cette inconstance étoit le desir de sortir du Monastere, dans lequel elle ne s'étoit renfermée que depuis environ un mois ; & la gourmandise étoit sa feinte de ne pouvoir pas suporter le maigre, pour avoir un pretexte de faire gras.

C'est ici un commentaire à la façon du Pere de Sabatier. Car 1°. il est prouvé par un grand nombre de Religieuses, & même par les Lettres des deux parties ; que l'état de cette Fille tant qu'elle resta au Couvent, étoit un tissu de prodiges, que le P. Girard donnoit pour des vrais miracles, quoiqu'il sçût bien qu'ils n'étoient que des prestiges de l'Obsession, dans laquelle il l'avoit jettée. Cela est si vrai, que dans sa Lettre du même jour, qui en est sa réponse, pour faire accroire à sa Penitente que les faits extraordinaires contenus dans la Lettre de celle-cy étoient des vrais miracles, il lui dit : *Je rends mille graces à Nôtre-Seigneur de la continüation de ses misericordes.* De quel côté étoit donc ici l'irreligion, & la fourberie, ou de la part de cette Fille, qui ignoroit la veritable cause de ces faits extraordinaires, ou de la part de son Directeur, qui lui faisoit accroire, que c'étoient-là des prodiges de la Grace, tandis qu'il sçavoit que ce n'étoient que des illusions du Demon ? 2°. Comment peut aujourd'hui l'Accusé nier l'impuissance dans laquelle elle étoit de faire maigre, dans le tems que cette impuissance si notoire dans tout ce Monastere avoit été reconnuë, & aprouvée par le P. Girard, & qu'il lui avoit permis & même ordonné de faire gras le Vendredi & le Samedi, comme il est prouvé par plusieurs de ses Lettres ?

3°. Le Pere de Sabatier, est un bien mauvais interprete de la Lettre de son Confrere du 22. Juillet, quand il veut apliquer l'inconstance dont il y parle au desir de la Cadiere de sortir du Couvent, où elle étoit non pas depuis un mois, comme il dit, mais depuis plus d'un mois & demi, puisqu'elle y étoit entrée le 6. Juin ; & la gourmandise au desir de faire gras les Vendredis & les Samedis. L'inconstance, dont parle le P. Girard dans sa Lettre du 22. Juillet, n'est apliquée qu'à celle qu'il lui attribuoit en badinant sur ce qu'elle étoit tantôt malade, & tantôt en santé. *Mademoiselle Guiol vous trouva hier mourante, & vôtre frere vient* de me dire que vous vous portiez à merveille ; vous êtes une inconstante (ce sont les paroles de la Lettre) qui montrent si bien qu'il n'apelloit sa penitente inconstante que parce que la Guiol lui avoit dit l'avoir trouvée mourante, & que son frere l'avoit assuré, que quand il étoit parti d'Ollioules, elle se portoit bien. En effet, la Cadiere dans sa réponse lui dit : *A l'égard de mon inconstance, prenez-vous en à celui que je sers, qui me tourne, où il veut, & comme il veut ; vos conseils n'ont pas pû contribué également à me conduire à cet état, comme vous sçavez : au reste quant à cet article, je vous pardonne volontiers, puisqu'il est sans remede.* Paroles qui prouvent que si elle étoit tantôt mourante & tantôt en santé, c'étoit par un effet de l'Obsession, dans laquelle il lui reproche de l'avoir mise.

L'interpretation qu'on a faite du terme de *gourmandise*, n'est pas moins fausse, & pour en être persuadé, il suffit de faire reflexion ; 1°. Que le P. Girard dans cette Lettre parle de la gourmandise avant que de parler de faire gras, ou maigre le Vendredy, & le Samedy. 2°. S'il avoit regardé comme une gourmandise de la part de sa penitente, de manger gras les jours maigres, il ne lui auroit pas dit : *ce seroit bien encore pis, si vous deveniez gourmande,* comme il ajoûte immediatement après les termes que nous venons de raporter ; il lui auroit dit : Vous êtes une gourmande ; puisqu'alors elle faisoit deja gras les Vendredy & les Samedy. La gourmandise dont il parle dans cette Lettre regardoit le cœur, qu'il avoit si corrompu à cette Fille infortunée par les funestes & abominables maximes de son Quietisme. En voici la preuve dans la reponse de la Demoiselle Cadiere que l'Accusé a fait imprimer sous la datte du 25. Juillet, & qu'il cite sous celle du 24. May : *Si je deviens gourmande, pensez que je ne vous pardonnerai jamais, puisqu'il y aura de vôtre faute.*

La promesse des miracles, qu'elle disoit dans cette Lettre du 24. Juillet lui avoir été faite en ces termes : *On m'a promis, que puisque vous vouliez des miracles, vous en auriez &c.*, & la peinture qu'elle faisoit de ses souffrances extraordinaires dans ses Lettres des 9. & 15. Août aux endroits raportez, n'étoient que les effets de l'Obsession, & des accidents si violents qu'elle en avoit dans le Couvent, comme il est si bien prouvé par le temoignage de tant de Religieuses qui en ont été les temoins occulaires : au surplus le doute dont parle ici le P. Girard qu'il aplique à la sortie de sa penitente du Couvent d'Ollioules, quoiqu'il tombât sur le dessein qu'il avoit formé de l'envoyer à Premole, n'étoit qu'un doute de mauvaise foy qu'il n'affectoit que pour avoir un pretexte de forcer cette Fille malgré elle & ses Parens, ou à rester dans ce Couvent, ou aller à celui de Premole, & ne regardoit pas les faits extraordinaires qui se passoient en la personne de sa Penitente, sur lesquels il parloit avec tant de certitude, & qu'il donnoit affirmativement pour des miracles : & ce qui fait voir la bonne foy de la Demoiselle Cadiere, c'est qu'au moment que par un effet de l'Obsession, il lui étoit promis des miracles, il en marquoit la promesse à son Directeur, & que dabord que par un effet de la même Obsession il lui arrivoit des faits extraordinaires, qu'elle regardoit comme des prodiges, elle les lui faisoit sçavoir.

L'induction que l'Accusé veut tirer de la lettre de sa penitente du 26. Août est si confuse, & même si ridicule, qu'on peut dire qu'il ne sçait pas lui-même ce qu'il dit, & bien loin que cette lettre prouve la fourberie de la Demois. Cadiere, elle prouve au contraire sa bonne foy, & la fourberie du P. Girard. Elle prouve la bonne foy de la Querelante, parce qu'elle y avoüe que son frere le Dominicain avoit écrit le reste du Memoire du Careme : ce que le P. Girard ne pouvoit pas ignorer, puisqu'elle lui avoit remis depuis le mois de May la premiere partie écrite du même caractere. Elle lui avoüe encore, qu'il se peut que son frere le Jacobin l'ait communiqué à Mr. l'Evêque ; mais qu'il n'en avoit donné aucune copie non plus qu'elle, & lui ajoûte ; *Je defie telle personne que ce soit de la Ville de pouvoir vous en produire un seul mot, qui soit écrit de sa main, tellement je connois son caractere.* L'Accusé au lieu de ce dernier mot, a mis celui, *d'écriture.*

Cette lettre prouve la mauvaise foy & la fourberie de l'Accusé, 1°. Parce qu'elle juſtifie auſſi bien que celle de celui-ci du 22. du même mois, qu'il avoit marqué à ſa Penitente qu'il y avoit des copies de ce Carême repanduës dans les quatre coins de Toulon ; ce qui eſt ſi faux , qu'elle l'avoit defié de faire voir aucune de ces copies, & qu'il a été en effet bien en peine d'en montrer aucune, que celle qui lui avoit été remiſe à lui-même. 2°. Parce que cette lettre prouve évidemment qu'il a refait ſa lettre du 22. Août ; & ce qui ne permet pas d'en douter, c'eſt que la Demoiſelle Cadiere par toute la teneur de la ſienne ſe plaint amérement de la lettre qu'il lui avoit écrite le 22. du même mois, qu'elle apelloit une lettre diabolique ; elle diſoit qu'elle ne pouvoit plus ſuporter ſes rigueurs à ſon égard ; que les reproches ſanglants qu'il lui avoit faits d'avoir repandu des copies du Careme l'avoient reduite à l'agonie, & qu'il ne faudroit plus qu'un ſeul coup de cette eſpece, pour lui cauſer la mort. Cependant la lettre de l'Accuſé du 22. Août, telle qu'il l'a produite, ne contient aucun reproche ſanglant d'avoir repandu elle-même ce Memoire, ni rien de ſemblable : au contraire il y dit que ſi ce Memoire lui a été volé, elle doit s'en plaindre, & lui renvoyer toutes ſes Lettres, & que ſi c'eſt elle-même qui l'ait repandu, il n'y a rien de tout cela à faire. Doncques cette lettre du 26. prouve la refection qu'il a faite de celle du 22., & par conſequent ſon dol.

La troiſieme preuve que cette lettre de la Cadiere, & encore celle du P. Girard toute refaite qu'elle eſt, nous fourniſſent de ſa mauvaiſe foy, n'eſt pas moins ſenſible. L'Accuſé ayant apris que Mr. l'Evêque avoit reſolu de tirer la Demoiſ. Cadiere de ſa direction, il crût que pour l'en detourner, il faloit perſuader à ce Prelat que depuis qu'il avoit pris cette reſolution tous les prodiges que la Cadiere avoit fait juſques là avoient ceſſé, afin de lui faire accroire que Dieu n'aprouvoit pas ſon deſſein, & qu'il vouloit qu'elle demeurât ſous ſa direction. Pour cela il marqua à la Cadiere par cette Lettre du 22. Aouſt, que quand Mr. l'Evêque l'iroit voir , elle lui dît que ſes plaïes étoient fermées depuis que le P. de Sabatier avoit été la voir ; & afin qu'il ne ſe convainquît pas du contraire, il lui deffendit de lui rien montrer ; il lui ordonna de ne lui faire que des reponſes briéves & confuſes ; il ſe ſervit de toute la force de ſon miniſtere, & des autres titres de tendreſſe, qu'il prenoit auprès d'elle pour lui deffendre de parler de l'interieur de qui que ce fût , ni du ſien propre, pas même de ſes parens ; de n'écrire à Toulon, que des choſes indifferentes, en lui laiſſant la liberté d'écrire ailleurs comme auparavant, parce que cela n'alloit pas aux oreilles du Prelat : Voici les termes de ſa Lettre. *S'il parle de vos plaïes, dites-lui qu'elles ſont fermées depuis que le P. de Sabatier fut chez-vous, & ne lui faites rien voir : S'il fait des queſtions ſur quelque point en particulier, car il eſt fort inſtruit, repondez briévement, & le plus confuſement que vous pourrez. Tenez-vous en-là avec beaucoup de modeſtie d'une part, & d'attention ſur ce que vous dites de l'autre. Dans la conjonĉture preſente, je me crois obligé pour la plus grande gloire de Dieu, & pour vôtre tranquilité de vous deffendre pour un tems par toute l'authorité que nôtre Seigneur m'a donné ſur vous, & dans les termes les plus forts, que puiſſe employer un Confeſſeur, un Direĉteur, un Ami, un Pere ; je vous deffends, dis-je, 1°. de parler à qui que ce ſoit au monde de ſon interieur propre, ni de vôtre propre interieur quelque mouvement qu'il vous ſemble en avoir. Ce point ne regarde ni Monſeigneur que j'ay excepté plus haut ni Mademoiſelle Guiol* (l'exception qu'il fait ici en faveur du Prelat eſt évidemment fauſſe, & a été ajoûtée après coup, puiſque toute la teneur de cette Lettre prouve qu'il n'avoit pris cette précaution que contre lui, & pour lui derrober la connoiſſance de la continuation des états, & des prodiges de ſa Penitente) *A l'égard des Religieuſes & de toute autre perſonne qui iroit vous voir, parlez de Dieu, mais gardez abſolument un profond ſilence, ſoit ſur leurs diſpoſitions, que vous pourriez connoitre, ſoit ſur les vôtres même. 2°. N'écrivez à qui que ce ſoit à Toulon, à moins que ce ne ſoit pour des choſes indifferentes : vous pouvez écrire ailleurs ſuivant le mouvement de la grace. Obſervez ces deux points, ma chere enfant, avec une exaĉtitude inviolable juſqu'à nouvel ordre : nôtre Seigneur veut que vous en uſiez maintenant de la ſorte ; & il eſt indiſpenſable de le faire même à l'égard de vos proches. Repondez-moy par la porteuſe de cette Lettre.* Voicy la reponſe ſoumiſe de ſa Penitente dans ſa Lettre du 26. *Sur le*

profond

profond silence que vous me demandez encore, vous pouvez être assuré que je suivrai vos conseils en qualité de Fille, qui est devoüée entierement à son Pere, qui lui commande. Voilà une preuve litterale & sans replique tirée de la Lettre de sa Penitente, & de la sienne propre, que pour empêcher Mr. l'Evêque de lui ôter sa Devote, & sa Maitresse, il avoit employé les plus indignes impostures, & abusé de son ministere, & de ce que la Religion a de plus respectable. On peut juger par là de quel côté est ici l'Irreligion, & la Fourberie, & s'il ne faut pas joindre la mauvaise foy & l'impudence à tant d'autres crimes pour vouloir en relancer le soupçon sur cette infortunée Penitente, dont toute la faute se réduit à avoir été en tout sens la victime, & la dupe de cet abominable Directeur. Nous avons fait voir dans le chapitre du Sortilege que cette Lettre du P. Girard prouve encore que la Querelante avoit le secret des consciences.

Les inductions de fourberie que l'Accusé veut tirer des termes qu'il raporte des trois lettres de la Demoiselle Cadiere des 1er. 5. & 9. Septembre, sont encore plus fausses, & ne peuvent servir qu'à le couvrir toûjours plus de honte, & de confusion. Voici les termes de la premiere de ces Lettres. *Toute cette nuit je l'ay passée dans les pleurs, & dans les gemissements ; je me suis sentie portée à prendre deux fois la discipline que j'en ay tiré le sang avec abondance, j'ay été encore plus loin, je me suis laissée aller jusqu'à avaler des choses, que l'honnêteté, & le respect que je vous dois ne me permettent pas de detailler. Je crois n'en avoir jamais assez fait pour reparer ma faute.* Il dit, ou que la Cadiere ment, ou qu'elle n'est pas Quietiste ; & il ajoûte que pour cobfondre le glossateur de la lettre de la Guiol du 30. Août sur l'affreux commentaire, qu'il en a fait, il n'a besoin que de ces autres termes de la même lettre de la Querelante : *Vous aurez la bonté de dire à Mademoiselle Guiol, que je n'ay pas pû lui écrire à cause de ma foiblesse, & vous aurez la bonté de lui dire de bouche, ce que je ne puis lui dire par Lettre, qui est que je suis mortifiée des scandales que je lui ay donné, & de toutes les fautes que je puis avoir commises à son égard. Priez-là, s'il vous plait, de se joindre à mes prieres, pour en recevoir le pardon.* Il s'agissoit, disent les auteurs du second Memoire de l'Accusé, de l'imposture qu'elle avoit écrite au P. Girard dans la lettre du 26. Août dont nous venons de parler, c'est cette faute dont le P. Girard avoit été si consterné, & dont la Cadiere dit dans cette lettre & dans les deux suivantes, qu'elle fait des terribles pénitences afin d'apaiser ce Pere, & de le porter à continuer ses soins pour la diriger : on n'a qu'à voir ces trois lettres du mois de Septembre pour s'en convaincre, ce sont leurs propres termes.

Il faut avoir renoncé à toute verité, & même à toute pudeur, pour oser tirer de pareilles inductions de cette Lettre, & encore des deux autres. 1°. La consequence qu'il veut tirer de cette premiere lettre, que la Cadiere n'étoit donc pas Quietiste, est aussi mal placée ici, où il ne s'agit pas du Quietisme, qu'elle est fausse, comme nous l'avons montré dans le chapitre du Quietisme.

2°. On ne fait pas façon de changer des termes essentiels de cette lettre, & sur-tout celui du scandale en celui des scandales, afin de persuader que toute la conduite de cette Fille n'avoit été qu'un tissu de fourberie. Nous ne poussons pas cette reflexion plus loin ; nous craignons même de n'avoir tort de faire un pareil reproche à un Jesuite coupable.

3°. Comment veut persuader l'Accusé qu'il s'agisse dans la lettre du premier Septembre de la pretenduë imposture, qu'elle lui avoit écrite dans sa lettre du 26. Août ? N'avons-nous pas montré que tout ce qu'elle lui avoit marqué dans cette lettre du 26. étoit, qu'elle n'avoit donné aucune autre copie du Memoire du Carême ; que son Frere le Dominicain l'avoit écrit, & qu'il pouvoit l'avoir communiqué à Mr. l'Evêque ; mais qu'il n'en avoit point donné de copie à personne. Elle avoit defié le P. Girard de prouver le contraire, & de montrer aucune des copies, qu'il pretendoit avoir été repanduës aux quatre coins de Toulon : en effet il a bien été en peine de raporter aucune autre copie, que celle qu'elle lui avoit remise, ni de prouver qu'elle en eût repandu d'autres. Doncques bien loin

10

qu'elle lui eût écrit une imposture par sa Lettre du 26. Août ; au contraire c'étoit lui qui étoit convaincu de lui en avoir écrit une par sa lettre du 22. lorsqu'il lui marquoit qu'il avoit été repandu des copies dans toute la Ville de Toulon. Dailleurs la Guiol étoit-elle associée au ministere de la direction du Pere Girard ? Etoit-elle une Grande Prêtresse pour exiger des reparations pour une pareille faute, pour un pareil scandale. Ce n'est donc pas cette pretenduë faute qui avoit fait le sujet de sa desolation, & même du redoublement de desolation dépeint dans la lettre de sa Confidante Guiol du 30. Août ; le motif qu'on lui prete icy est même contraire à celui que l'Apostillateur a marqué à la tête de cette lettre, tant il est vrai que l'imposture marche toûjours d'un pas incertain, & égaré dans le sentier du mensonge. Est-ce ainsi qu'il pretend detruire le commentaire, que nous avons fait sur la lettre du 30. Août, & en confondre le glossateur ? L'interpretation qu'on fait ici de la Lettre de la Demoiselle Cadiere du premier Septembre & même des deux autres des 5. & 9. du même mois, est évidemment fausse. Ce n'est pas cette pretenduë faute d'avoir repandu des copies du Carème, qui fait le sujet des regrets, de l'amertume & du repentir repandus dans ces trois Lettres : le voicy, il faut dévoiler ici ce mistere d'iniquité, puisque l'Accusé, & ses Confreres auteurs de ce Memoire ont l'aveuglement de nous y forcer.

Le P. Girard à la faveur des pernicieuses maximes du Quietisme, avoit persuadé à cette pauvre Fille, que Dieu les avoit unis par l'union conjugale, & qu'il éxigeoit d'eux qu'ils remplissent fidelement tous les devoirs de cette union, que c'étoit-là une union dans le Sacré Cœur de Jesus, & très-agréable à Dieu, & qu'elle devoit le regarder comme son Epoux, & même comme Dieu : Ce n'en est pas ici le premier exemple, le Pere Mena, & bien d'autres en avoient fait autant. De-là vient qu'il est parlé si souvent d'Union & d'Epoux dans toutes les Lettres produites au procès, & qu'elles finissent toutes par ces termes : Je vous suis intimement Unie, ou Uni dans le Sacré Cœur de Jesus. De-là vient que dans ses Extases elle disoit qu'elle avoit fait son Mariage depuis un an en prononçant le nom de Jean-Baptiste, qui est celui de ce Jesuite, & le nom de Marie Catherine qui est le sien. De-là vient que dans les Oraisons des Messes qu'elle disoit dans ses Extases elle mêloit le nom de son Directeur avec le sien, tout cela est prouvé par la procedure. De-là vient, enfin, que par une Vision qui n'étoit au fonds qu'un prestige de l'Obsession, elle avoit vû son nom, & celui de son Directeur unis, & écrits ensemble dans le Livre de Vie. L'Accusé convient par sa Réponse au 27e. Interrogatoire qu'elle lui avoit raconté cette Vision, & il en avoit abusé pour faire accroire à sa Penitente, que c'étoit bien-là une preuve sans replique, que le Ciel avoit ratifié leur union, & qu'elle ne pouvoit plus douter qu'en en remplissant tous les devoirs, elle ne fût assurée de joüir des delices des Saints dans la Celeste Jerusalem. C'est par là qu'il étoit parvenu à lui faire regarder comme des bonnes œuvres toutes les infamies, qu'il commettoit sur sa personne. Le Ciel pourroit-il laisser impunies de pareilles abominations ? Et la Justice humaine a-t'elle assez de supplices pour les punir ? La Batarele autre penitente Stigmatisée de l'Accusé, dit même qu'elle avoit poussé si loin cette union avec lui, qu'elle croyoit qu'ils n'avoient plus entre tous deux qu'un même cœur, qu'une même volonté, dans deux corps differents, qu'ils disoient tous deux la même Messe, & offroient le même Sacrifice au nom de tous les deux.

Sur la fin du mois d'Août Mr. l'Evêque ayant ordonné à la Cadiere de quitter le Pere Girard, & cette Fille qui le lui avoit deja fait pressentir, l'ayant declaré formellement à la Guiol, cela le jetta dans cet état de desolation, de redoublement de desolation, & de desespoir, si bien depeints dans la Lettre du 30. Août qu'il dicta à sa Confidente, & par laquelle il employoit tout ce qui étoit capable d'attendrir la Demoiselle Cadiere, & de la detourner d'une pareille resolution ; & il lui marquoit que le Vendredy, il iroit la voir, & que ce seroit le jour destiné au plus grand de tous les bonheurs. Cette Lettre fit sur l'esprit de cette Fille tout l'effet qu'il avoit souhaité ; & le Vendredy alors prochain, qu'il fut la voir, & que la reconciliation fut faite, il lui persuada que la resolution qu'elle avoit prise de le quitter ; que l'infidelité qu'elle vouloit lui faire en rompant cette Union, que Dieu avoit formé entr'eux, étoit un si grand peché, que nulle penitence n'étoit capable de l'effacer, & qu'elle n'avoit pas d'autre moyen de se sauver, que celui de demeurer sous sa Direction, de remplir tous les devoirs de cette Union, & de faire aveuglement tout ce qu'il lui ordonneroit. Voilà la faute dont elle parle dans ces trois Lettres du mois de Septembre. Voila l'infidelité qu'elle y pleure si amèrement, & qu'elle tâche d'expier par tout ce que la penitence a de plus rude & de plus amer, & qu'elle lui jure cette soumission aveugle. Voilà pourquoi dans la premiere de ces trois Lettres elle lui dit : *Vôtre voyage ne m'a pas été inutile, car par la misericorde du Seigneur, je me trouve disposée à suivre tous les avis que vous m'avez donnez avec une exactitude, & une fidelité inviolables en tout ce qui dependra de moy . . . . . Pour ma disposition presente, c'est une douleur si grande, & si vive, qu'elle me fait mourir, pour ainsi dire, à tout moment du jour ; douleur, qui m'est causée à cause de mon infidelité, & je ne puis dire autre chose dans tout cet état, si ce n'est que je souhaiterois mourir de regret & de repentir, ... Toute cette nuit, je l'ay passée dans les pleurs, & dans les gemissements ; je me suis sentie portée à prendre deux fois la discipline avec une telle vehemence que j'en ay tiré le sang en abondance ; j'ay été encore plus loin, je me suis laissée aller jusqu'à avaler des choses que l'honnêteté & le respect que je vous dois ne me permettent pas de vous detailler. Je crois n'en jamais assez faire pour reparer ma faute. Vous aurez la bonté de dire à Mademoiselle Guiol, que je n'ay pas pû lui écrire à cause de ma foiblesse, & vous aurez la bonté de lui dire de bouche ce que je ne puis lui dire par lettre, qui est que je suis mortifiée du scandale, que je lui ay donné, & de toutes les fautes que je puis avoir commises à son égard : priez là s'il vous plaît de se joindre à mes prieres pour en recevoir le pardon. Je suis en me disant toujours avec plus d'affection que jamais dans le sacré Cœur de Jesus, Mon cher Pere, vôtre très-humble &c.* Cette derniere phrase est une nouvelle preuve de tout ce que nous venons de dire, & qu'il venoit de ralumer en elle toute l'affection de cette union, puisqu'elle lui assure qu'elle en a toûjours plus. Dans la seconde de ses Lettres, elle lui dit : *N'aprehendez point de me mettre à toutes les épreuves que vous jugerez à propos, je suis prete de mon côté à subir tout ce que vous voudrez. Mes sentiments sont tels, que je puis dire, qu'il n'y a rien de si penible, de si rude, & de si humiliant que je ne sois en état d'embrasser, & je me laisserois aller même à des excez, si je ne sçavois qu'il faut en tout s'en tenir aux justes bornes de la moderation.* Comme ses parents vouloient absolument la faire sortir du Couvent, ce que le Pere Girard craignoit si fort, il lui avoit ordonné de ne les voir que le moins qu'elle pourroit aussi bien que toutes les autres personnes qui pourroient lui inspirer le même dessein. Voilà pourquoy il lui dit dans la même Lettre : *Dimanche aprés-dîné je vis ma Belle-Sœur que je n'avois vûë depuis trois mois, & Lundy je revis ma Mere avec quelques uns de mes parents, je ne manquai pas de leur faire entendre la peine, que je ressentois de ce qu'ils venoient si souvent, & je les priai en grace de vouloir bien diminüer le nombre de leurs voyages, & ils me l'ont promis, non sans peine de leur part, & aujourd'hui j'ay vû Mr. Camerle, que j'ay porté de ne me venir voir que de 15. en 15. jours. Voila les personnes que j'ay vû, & d'ors en-avant je serai inaccessible pour tout le monde.* Si dans la même Lettre elle lui dit : *J'ay eu le malheur jusqu'à present selon que vous me dites d'agir dans la vûë de plaire aux creatures, pour le present par la grande misericorde de Dieu, je me trouve disposée à devenir le joüet, la fable, & la derision de ces creatures dont j'aurois pû rechercher l'estime.* Ce n'étoit pas pour engager le P. Girard comme il le dit ici si faussement à reprendre sa direction, puisque c'étoit lui qui avoit tant remué des ressorts, pour l'empêcher d'en sortir, & que ce n'est pas lui, qui l'a quittée, comme il a l'impudence de le dire, mais bien elle, qui l'a quitté au grand regret de l'Accusé, ainsi qu'il est si bien justifié par la Lettre de celui-cy du 15. Septembre produire au procés ; mais parce qu'il lui avoit persuadé, que quand par la connoissance qu'elle avoit du secret des consciences, elle donnoit des avis, & des reponses à ceux qui la venoient consulter de toute part, comme il l'avoüe dans son Factum, elle avoit agi dans la vûë de plaire aux creatures, & que pour plaire à Dieu, elle devoit garder un filence abfolu fur les connoiſſances qu'elle avoit de l'interieur des confciences, comme il le lui avoit ordonné par ſa Lettre du 22. Aouſt, quoiqu'il n'eût d'autre motif en cela que de perſuader fauſſement à Mr. l'Evêque, que tous les prodiges de cette Fille avoient ceſſé depuis qu'il avoit pris la reſolution de la tirer de ſa Direction, afin qu'il l'y laiſsât.

Les Viſions & les peines dont elle parle dans ces trois Lettres, ſont des effets de ſon Obſeſſion, dont la verité & la realité ſont ſi bien prouvees par la procedure, & ſi les termes que l'Accuſé raporte de la Lettre de la Demoiſelle Cadiere du 9. Septembre ne lui paroiſſent pas prouver le Quietiſme, c'eſt parce qu'il a la mauvaiſe foy de retrancher les paroles qui en renferment la preuve, les voici. *Je ne veux que vous ſeul mon Dieu ; je ne demande ni vos Dons, ni vos Faveurs, ni vos Lumieres, ni les Graces que vous accordez aux ames, qui vous ſont fideles, mais uniquement vôtre grande miſericorde : ce n'eſt ni à vos Dons, ni à vos Graces que je m'attache, mais ſeulement à vous être fidele, & à me conſerver à vous en tout & par tout.* Elle finit ſa derniere Lettre par lui dire de l'aller voir, afin qu'elle lui diſe de vive voix ce dont il eſt queſtion. . . . *Je ſuis en attendant ce moment dans une parfaite Union en Jeſus-Chriſt, mon cher Pere, votre trés-humble &c.*

Ces trois Lettres prouvent donc, qu'il n'y avoit ici, ni fourberie, ni impoſture de la part de la Demoiſelle Cadiere, & que tout cela n'étoit que du côté de ſon Directeur, que la faute & l'infidelité dont elle y gemiſſoit, n'étoit pas d'avoir repandu des copies du Memoire du Carême ; mais d'avoir reſolu de le quitter, & de rompre cette Union fanatique, & ſacrilege. Voilà ce qu'il avoit perſuadé à la Demoiſelle Cadiere être le plus grand de tous les pechés, la plus grande de toutes les infidelités devant Dieu, que la penitence la plus rigoureuſe n'étoit pas capable d'effacer. Admirons ici l'excez de ſimplicité, de credulité, de faſcination, d'aveuglement de cette infortunée Penitente, & l'excez des abominations de ſon impie Directeur, de ſon ſacrilege corrupteur.

Voilà comment les Lettres de la Demoiſelle Cadiere bien loin de prouver ſes duplicités, ſes menſonges, ſes contradictions, & ſes fourberies, comme le pretend ſi mal à propos le Querellé ; prouvent au contraire les duplicités, les menſonges, les contradictions, & les fourberies de ce Directeur. Les Lettres de celui-cy avant leur refection n'en étoient-elles pas pleines ; & toutes refaites qu'elles ſont, n'en renferment-elles pas encore des preuves bien ſenſibles ? Voyons s'il ſera plus heureux à trouver dans les reponſes priſes par l'Official, & dans l'Expoſition de la Demoiſelle Cadiere, des impoſtures, des abſurdités, & des contradictions.

REPONSE A LA SECONDE DEFFENSE
de l'Accuſé, tirée de ce que la Demoiſelle Cadiere eſt convaincuë d'impoſture, d'abſurdité, & de contradictions par ſes deux Expoſitions.

L'Accuſé apelle ici une Expoſition, les Reponſes que l'Official força la Demoiſelle Cadiere de faire devant lui dans l'Accedit qu'il fit chez elle par la plus monſtrueuſe, & la plus abuſive Procedure, qui ſera jamais, & la plus contraire aux droits de la Juſtice Royale, & à la ſeureté des Sujets du Roy. Il continuë à nier d'avoir une Copie de la Procedure, il pretend même n'avoir vû nôtre Expoſition que dans nôtre premier Memoire, & les Réponſes priſes par l'Official, que dans la copie qui en a courû dans le public, & que les Interrogatoires que nous avons fait Imprimer, lui en ont fourni des lambeaux, & rapellé la memoire ; tandis que la Copie que nous avons de la Procedure, nous la tenons pour ainſi dire de la main des Jeſuites ; ne faut-il pas s'être fait un mêtier de mentir pour avancer avec cette aſſurance de pareilles impoſtures ?

Il dit que c'eſt un menſonge de la part de la Demoiſelle Cadiere d'avoir dit dans ſes Reponſe devant l'Official, & dans ſon Expoſition devant le Lieutenant,

que

que le Demon dans l'état d'Obsession, où son Confesseur l'avoit jettée, lui faisoit voir le fonds des consciences de plusieurs personnes, & predire même des choses qui arrivoient à l'avenir ; parce, dit-il, que le secret des consciences est inconnu au Demon.

Si les Autheurs du Mémoire de l'Accusé avoient quelque teinture de la Theologie, ou s'ils avoient lû leurs confreres Thiræus, Delrio, & Reinaud, ils sçauroient que le Demon sçait le passé, & le present, & qu'il peut même conjecturer avec assés de certitude les évenements futurs, qui dependent du concours de certaines causes dont il voit la disposition prochaine, comme nous l'avons prouvé dans nos precedents Mémoires, à quoy on n'a sçû que répondre : De sorte qu'on vient de sang froid renouveller les premieres objections, que nous avons invinciblement detruites, sans s'embarrasser ou sans sçavoir y donner aucune réponse. Il est donc possible que par l'Obsession, la Demoiselle Cadiere sçût le fonds des consciences de plusieurs personnes, & même qu'elle eût prédit plusieurs évenemens ; il n'est donc plus question que de sçavoir si le fait est vrai, & s'il est prouvé.

Or il est justifié qu'elle avoit la connoissance du fonds des consciences. 1°. Par plusieurs Temoins, qui sont Messire Giraud Curé 2⁴. témoin dans sa deposition, Claire Berarde 11ᵐᵉ. témoin dans son recolement, la Dame de Lescot 20. témoin aussi dans son recolement, la Dame Marie Guerin 16. temoin dans sa deposition.

2°. Par diverses Lettres produites au procès, par lesquelles on voit que plusieurs personnes avoient consulté la Demois. Cadiere sur les dispositions de leur conscience ; on voit même par celles de la Querelante des 21. & 22. Juillet que Mr. l'Evêque l'avoit consultée sur le mariage de sa Niéce, sur une affaire de pieté, & sur l'interieur de sa conscience ; qu'elle avoit répondu sur tout cela, & qu'il paroit par la lettre de l'Accusé dudit jour 22. Juillet, qu'il executoit les réponses de sa Penitente, & par la lettre du Querelé du 22. Août, dont nous avons deja raporté les termes, & dont nous allons rapeller ici les essentiels. *Dans la conjoncture presente je me crois obligé pour la plus grande gloire de Dieu, & pour votre tranquilité, de vous deffendre pour un tems par toute l'authorité que nôtre Seigneur m'a donnée sur vous ; & dans les termes les plus forts que puisse employer un Confesseur, un Directeur, un Ami, un Pere ; je vous deffends, dis-je, 1°. De parler à qui que ce soit au monde de son interieur propre, ni de vôtre propre interieur, quelque mouvement qu'il vous semble en avoir . . . . . A l'égard de vos Religieuses, & de toute autre personne qui iroit vous voir, parlez de Dieu, mais gardez absolument un profond silence, soit sur leurs dispositions que vous pourriez connoitre, soit sur les vôtres même. 2°. N'écrivez à qui que ce soit à Toulon, à moins que ce ne soit pour des choses indifferentes ; vous pouvez écrire ailleurs suivant le mouvement de la grace. Observez ces deux points, ma chere Enfant, avec une exactitude inviolable jusqu'à nouvel ordre.*

Cette lettre prouve donc bien formellement qu'elle sçavoit le secret des consciences, soit parce qu'elle en contient l'aveu formel, soit parce que si elle ne l'avoit pas sçû, il n'auroit pas employé toute l'autorité de son ministere, & tout l'ascendant qu'il avoit sur son cœur séduit, pour l'empêcher de continüer à s'expliquer, comme elle avoit fait jusques alors sur la disposition des consciences d'autrui, dont elle avoit la connoissance. Elle prouve encore que par un excez de fourberie, il lui faisoit accroire que c'étoit-là l'effet, & le mouvement de la Grace ; tandis qu'il sçavoit que ce n'étoit que l'effet de l'Obsession. 3°. Par sa réponse au 26. Interrogatoire : *Interrogé de quelle espece étoient les Visions, & les choses extraordiuaires, qu'elle lui racontoit. A répondu que c'étoit tantôt des mouvemens, & des connoissances particulieres qu'elle recevoit de ce qui se passoit en elle, de ce qu'elle devoit faire, de ce qui se passoit chez les autres, des Visions des Saints, & des paroles interieures.* Ne faut-il pas faire profession d'impudence pour oser nier ici un fait si bien prouvé même par ses Lettres, & par ses propres Aveus, & pour en venir faire un reproche de mensonge, & d'imposture à la Querellante ?

2°. Il dit que c'est un mensonge de la part de la Cadiere d'avoir dit dans ses réponses devant l'Official, & dans son Exposition, d'avoir été élevée en l'air devant des témoins, & qu'elle n'a produit aucun témoin qui ait déposé un pareil fait.

Cependant ce fait est prouvé d'une part par la deposition de Messire Giraud 9°. Tem., qui dit que le jour de la transfiguration du 8. Mai, la Guiol l'assura dans la chambre de la Cadiere qu'elle avoit vû celle-ci élevée en l'air ; & par celle de la Sœur Anne Boyer 97. Tem. qui depose que la Guiol lui avoit dit que dans le voyage qu'elle avoit fait avec la Demoif. Cadiere à la sainte Baume, à Aix, & à Marseille, celle-ci avoit été reconnuë par tout pour Sainte, & qu'elle avoit effecti-vement vû ladite Cadiere élevée deux pans au dessus du coussin & en l'air dans la Chaise roulante : Et de l'autre, il est si vrai que le P. Girard sçavoit que la Demoif. Cadiere par un effet de l'Obsession avoit été élevée plusieurs fois en l'air, qu'il avoüe par sa réponse au 88. Interrogatoire d'avoir été chez elle la derniere Fête de la Pentecôte, & de s'être enfermé dans sa chambre avec elle pour être le temoin d'un pareil prodige, & il fait entendre que s'il n'arriva pas, c'est parce que croyant que c'étoit-là une pensée d'orgueil, elle se prit à sa chaise pour s'empêcher d'être élevée, quoiqu'il lui ordonnât de s'abandonner à l'esprit de Dieu : & il ajoûte qu'il sortit, parce qu'elle voulut resister à l'operation divine ; ce qui prouve tout à la fois, qu'il lui arrivoit d'être élevée en l'air, & que par une indigne supercherie, il lui faisoit accroire que ce qui n'étoit que l'effet de l'Obsession, étoit celui de la Grace, & de l'operation Divine.

Il donne pour un troisiéme mensonge qu'il impute à la Cadiere le fait des Polices du Vaisseau de la Mer Noire, dont elle a parlé dans ses réponses devant l'Official, & dans son Exposition, & dit que si c'étoit le Demon, qui avoit fait venir ces Po-lices dans sa cassete, Dieu ne pouvoit pas les avoir fait disparoitre pour la punir d'une infidelité, qu'elle avoit commise : Sans faire reflexion que la vision qu'elle avoit euë d'un Vaisseau sur la Mer Noire prêt à faire naufrage, dans lequel il y avoit trois Jesuites dont les pechez avoient alumé la colere divine, & pour le salut desquels elle s'étoit offerte en victime, & en avoit obtenu la délivrance, & qu'en signe de ce miracle, elle avoit trouvé dans sa cassete les polices de ce Vaisseau, n'étoit qu'une illusion de son Obsession, que le P. Girard lui avoit fait accroire être un vrai miracle : Et il est si vrai qu'elle avoit eu cette Vision, ou cette Il-lusion, que l'Accusé convient par sa réponse au 37me. Interrog. qu'elle la lui avoit racontée ; qu'elle lui avoit offert pour preuve de ce miracle de lui montrer un meuble de Lyon, & que lui ayant répondu que cela n'étoit pas assez marqué, & qu'il pouvoit s'en trouver de semblables au Port, il lui avoit demandé quelques papiers de ce Vaisseau ; qu'au bout de sept à huit jours elle revint lui dire qu'un Ange lui en avoit aporté la Police, & mise dans sa cassete, & que quelques jours après, elle lui avoit dit, lui avoir été reprise en punition de quelque faute, qu'elle avoit commise ; (il se pourroit bien que l'Accusé qui s'enfermoit si souvent dans la chambre de sa Penitente lors de ses Extases, & de ses accidens, eût mis dans sa cassete un papier, qu'il lui eût persuadé être la police de ce Vaisseau, qu'un Ange lui avoit aportée, & qu'il l'eût ensuite repris, & lui eût fait accroire que Dieu l'avoit fait disparoitre en punition de quelque faute, qu'elle avoit commise ; il lui a fait tant de tours de supercherie, qu'il peut bien lui avoir encore fait celui-là.

Il donne pour un quatriéme mensonge de la Querellante, d'avoir dit dans son Exposition, que dans cet état d'Obsession le Demon lui avoit dit, que le P. Girard étoit Sorcier, qu'il avoit fait un pacte avec lui depuis 40. ans, qu'il lui donneroit le don de la Predication, moyenant quoi il lui livreroit tant d'ames qu'il pourroit ; quelle absurdité, dit-il, le P. Girard n'auroit eu que 10. ans lors de ce pacte, le Demon y auroit bien plus perdu, que gagné, puisque pour tant d'ames que l'Accusé auroit converties par ses Sermons, il ne lui auroit donné que la sienne.

1°. S'il étoit vrai que le P. Girard n'eût que 50. ans comme il le dit, & qu'il y eût une erreur de calcul dans le nombre des années qui se seroient passées de-puis ce pacte, ce seroit le Demon qui l'auroit faite : mais n'est-ce pas par une imposture que l'Accusé dit qu'il n'a que 50. ans ? Il est notoire qu'il en a da-vantage, & s'il produisoit un Extrait fidéle de son Baptistaire, il est aparent qu'il lui donneroit un démenti. 2°. Outre qu'il feroit affez en peine de donner le dénombrement des perfonnes, qu'il a converties & fauvées par fes Predications, & qu'il ne faut pas confondre le talent de prêcher éloquemment, qui étoit le feul que le Demon lui auroit promis, avec celui de convertir les pecheurs, qui ne vient que de Dieu. D'ailleurs, combien d'ames ne pouvoit-il pas precipiter dans les abîmes par les pernicieufes maximes de fon Quietifme, & les abominations qu'il authorifoit, & qu'il pratiquoit même avec plufieurs de fes Pénitentes ?

Suivant l'Accufé c'eft un cinquiéme menfonge de la Demoifelle Cadiere d'avoir dit dans fes réponfes devant l'Official, qu'une nuit ayant eu une Vifion de la Croix de Jefus-Chrift, à fon reveil elle avoit trouvé dans fon lit une petite croix ; que le P. Girard s'en étant faifi, & que ne voulant pas la lui rendre, & en ayant demandé à Dieu une autre, elle l'avoit trouvée dans fa caffete ; qu'elle la remit à fon frere l'Abbé, qui la montra à Mr. l'Evêque. L'Accufé ajoûte que la Cadiere n'avoit reçû cette feconde Croix, que fous la direction du Pere Nicolas, & que la premiere eft une impofture vifible ; que le Demon qui abhorre la Croix, comme l'inftrument de nôtre Redemption, ne s'occupe pas à en donner : qu'il ne pouvoit pas la lui avoir donnée lui-même, parce qu'il n'étoit pas la nuit dans fa chambre, ni le matin à fon reveil, & qu'il ne pouvoit pas lui avoir procuré cette Vifion.

S'il y a ici de l'impofture, & du menfonge, il ne vient pas du côté de la Demoif. Cadiere, mais de celui de l'Accufé. Car 1°. outre que cette vifion pouvoit bien être un effet de l'Obfeffion ; d'ailleurs le P. Girard, qui avoit affecté le foir de lui parler de la Croix, ne pourroit-il pas avoir donné lieu à un pareil fonge ?

2°. Nous convenons, qu'il eft affez aparent que ces Croix n'ont pas été aportées par le Demon, & nous fommes forcez de convenir qu'elles ne pouvoient pas venir de Dieu : mais n'eft-il pas évident qu'elles partoient de la main du Pere Girard ; que le foir avant que fe retirer, il gliffa la premiere de ces Croix dans le lit de la Penitente, où elle la trouva à fon reveil ; & pour lui perfuader que c'étoit-là une Croix miraculeufe, le lendemain matin qu'il fut la voir, comme elle lui dit la Vifion qu'elle avoit eue, & qu'elle avoit trouvé cette Croix dans fon lit, il s'en faifit, il la baifa, il fe mit à genoux devant cette Croix après avoir ôté fa calote, & l'emporta fans avoir jamais voulu la lui rendre (il convient de ce fait dans fes Réponfes) & lui ajoûta qu'elle n'avoit qu'à en demander une autre à Dieu, & quelque tems après il lui en mit une autre dans fa caffete, & lui fit accroire que c'étoit encore là une Croix miraculeufe. Il a la mauvaife foy de dire qu'elle reçut cette feconde Croix au mois d'Octobre, & lorfqu'elle étoit fous la direction du P. Nicolas : mais c'eft-là une impofture de la part de l'Accufé : ne fçait-il pas qu'elle la trouva dans fa caffete le 7. Juillet jour de la transfiguration, qu'elle étoit au Coûvent d'Ollioules, & qu'il avoit refté enfermé avec elle depuis 9. heures du matin jufques à 4. à 5. heures du foir ; & que ce fut au retour d'une Extafe, qu'elle eut dans cet intervalle, qu'elle trouva cette Croix dans fa caffete ; parce qu'il y avoit jettée, & qu'elle remit à fon frere l'Abbé. Il eft vrai que quand les états de la Demoif. Cadiere furent connus à Mr. l'Evêque, cette feconde Croix lui fut montrée ; non pas comme une croix miraculeufe, mais comme une preuve des impoftures du P. Girard.

A l'égard des autres trois Croix dont il eft parlé dans les réponfes de la Demoif. Cadiere devant l'Official, & dans la procedure, elle les avoit fait faire, & les avoit données comme fimples Croix : fçavoir deux à la Dame de Reimbaud Clairifte, comme elle l'a avoüé dans fon recolement, & la troifiéme à l'Abbé Camerle ; l'Accufé a fi peu trouvé à y mordre, qu'il n'a pas ofé en parler : & M". les Commiffaires étoient fi convaincus que tout l'artifice de ces Croix venoit du P. Girard, & qu'il n'y avoit aucune faute de la Cadiere, qu'ils n'ont interrogé là-deffus que lui, & non pas la Querelante.

6°. L'Accufé prétend, que c'eft une contradiction de la part de la Demoif. Cadiere d'avoir dit dans fes réponfes devant l'Official, que lorfqu'elle ne Communioit pas, elle crachoit du fang abondamment, & qu'elle en crachoit de même les jours qu'elle Communioit, tandis qu'elle avoit dit dans sa Lettre du 11. Juin : *La pri-vation de la Sainte Eucharistie qu'on ne veut point m'accorder tous les jours ; ce qui seroit pourtant l'unique soulagement tant de mon ame, que de mon corps, me jette dans une agonie continuelle, & mortelle, accompagnée d'un crachement, & d'une perte surabon-dante de sang, qui me fait fremir.* Mais cette pretenduë contrarieté qui ne seroit point ni dans l'Exposition, ni dans les réponses prises devant l'Official dont il s'agit seulement ici, suivant l'intitulation qu'il a mise à ce chef de ses deffenses, est ab-solument chimerique. Cette Fille par un effet de sa pieté croyoit que les jours qu'elle Communioit, son crachement de sang, qui procedoit de l'Obsession, ou du Quiétisme, n'étoit pas si grand.

7°. L'Accusé fait consister une contradiction en ce que, dit-il, dans son Expo-sition, la Cadiere attribuë le commencement de ses Visions à un soufle que le P. Girard jetta sur elle plus d'un an après qu'elle fut sous sa Direction ; cependant par ses réponses aux 7. 8. 9. & 10. Interr. elle avoüe que la premiere fois qu'elle vit le P. Girard, elle eut une Vision, par laquelle on lui faisoit comprendre que c'étoit l'homme, que Dieu lui destinoit pour son Directeur, & qu'elle vit distincte-ment ces paroles sur la tête de ce Pere *Ecce Homo*, & que cela doit encore être prouvé par la procedure, & même qu'il lui avoit été prédit deux ans auparavant.

Nous sçavons bien qu'il n'est point d'imposture qu'il n'ait fait dire aux faux té-moins qu'il a fait produire au Promoteur, comme nous l'avons prouvé par l'Analise que nous en avons faite. Mais fixons ce fait sur les réponses même des Parties. Dans le 6me. Interrog. on demande à la Demois. Cadiere : *Si avant que de se Con-fesser au P. Girard, elle n'entendit pas une voix, qui le lui montroit, & lui disoit, Ecce Homo.* A répondu, *Que cela ne lui est arrivé qu'aprez qu'elle a eu commencé de s'en confesser.* Doncques elle n'a pas dit que la premiere fois qu'elle le vit, & avant qu'elle s'en confessât, une voix interieure lui dit *Ecce Homo.* Dans le 7me. Interrog. on demande à l'Accusé si la premiere fois que la Demois. Cadiere vint se confesser à lui, elle lui dit, qu'il lui avoit été montré par cette parole *Ecce homo.* A ré-pondu, *Qu'elle le lui dit, mais non pas la premiere fois qu'elle vint à lui, mais aprez ce qu'elle a publié à plusieurs personnes.* Ce n'étoit donc pas là la premiere fois qu'elle le vit.

2°. A quel endroit de la tête du P. Girard veut le P. Sabatier qu'elle eût lû ces paroles *Ecce homo* ?

3°. Ce n'étoit pas là une vision, mais un effet de la grande prévention qu'elle avoit pour le P. Girard, dont la reputation, & cet air d'austerité, qu'il affectoit, l'avoit si frappée. Mais l'Accusé lui-même ne lui avoit-il pas dit qu'elle lui avoit été prédite, comme il est prouvé par la procedure. Enfin, quel avantage veut tirer de là l'Accusé ? Veut-il persuader qu'il est un Directeur envoyé du Ciel à la De-mois. Cadiere, tandis qu'il est convaincu des crimes les plus horribles ?

On veut tirer la huitiéme contradiction des Expositions de la D. Cadiere de ce qu'elle a dit par sa réponse au 11me. Inter. que toutes ses Visions avoient cessé par l'effet des Exorcismes du P. Nicolas faits au mois d'Octobre ; cependant elle dit que la nuit du 16. au 17. Novembre le P. Girard lui fut representé dans sa chambre, ce qui la fit tomber dans des états convulsifs ; que l'Allemande la mere aporte la même raison de son accident du lendemain 17., & que ce n'étoit là qu'un pretex-té pour donner quelque couleur à la scéne qu'on joüa cette nuit.

Rien de plus ridicule qu'une pareille contradiction. Car outre qu'elle ne seroit pas tirée des Expositions de la Querelante, qui font la seule matiere de ce cha-pitre ; d'ailleurs où est cette contradiction ? 1°. La Demois. Cadiere ne dit pas dans sa reponse au 11me. Inter. que ses Visions eussent cessé par les Exorcismes, qui lui avoient été faits par le Carme, & pourquoi ne pourroit-on pas attribuer au der-nier Exorcisme fait par l'Abbé Cadiere dans la nuit du 16. au 17. Novembre la cessation des Visions, comme on lui attribuë celle de l'Obsession ; puisque les Exor-cismes faits auparavant par le Carme n'avoient fait cesser que les Extases frequen-tes qu'elle avoit tous les jours.

2°. Elle

2°. Elle ne parle là que des pretenduës Visions Célestes, auroit-on encore l'impudence de mettre dans ce rang la representation de l'Accusé, qui au fonds n'étoit que l'effet de la trop grande impression que son retour de Marseille fit cette nuit sur l'esprit, & l'imagination de cette pauvre Fille, qui la jetta dans ces accidents convulsifs ?

3°. Il faut avoir renoncé à toute pudeur, pour oser traiter de scéne les accidents d'obsession de la nuit du 16. au 17. Novembre, & nier l'Obsession de la Demoiselle Cadiere, tandis que la verité en est prouvée par une foule de temoins, par les Lettres, & les Aveus même de l'Accusé, comme nous l'avons montré dans nôtre Precis au chapitre de l'Enchentement.

On fait consister la neuvieme pretenduë contradiction en ce qu'on dit, que dans ses Réponses devant l'Official après avoir repondu qu'elle n'a aucune raison de se croire Obsedée, elle dit ensuite en se contredisant grossierement, que c'est le P. Girard qui l'a obsedée, & l'a forcée d'accepter un état d'obsession.

Cette pretenduë contradiction n'est que dans la mauvaise foy des Jesuites, qui parlent contre la teneur du Verbal d'Accedit ; en voici les termes. Interrogée *Si elle se croit veritablement Obsedée, ou Possedée ?* Elle auroit repondu *qu'elle ne se croit point Possedée, mais seulement Obsedée.* Elle ne dit donc pas comme on lui fait dire icy faussement, qu'elle n'a aucune raison de se croire obsedée. L'Official lui demande ensuite, d'où vient qu'elle attribuë cette Obsession au P. Girard ? Elle répond que c'est lui qui l'a forcée de la part de Dieu à l'accepter.

La dixiéme pretenduë contradiction est tirée de ce même endroit du Verbal d'Accedit, dont voici les termes. Interr. *D'où lui vient la prevention, dans laquelle elle est, que cette Obsession vient du P. Girard.* Elle auroit repondu, *premierement, que c'est le P. Girard qui l'a forcée de la part de Dieu, d'accepter l'Obsession ; que dans une de ses Extases, cela lui fut montré pour tirer une ame du peché ; qu'en ayant parlé au P. Girard, il l'obligea & la força de l'accepter ; qu'elle est tombée dans cet état d'Obsession depuis environ trois mois étant encore dans sa maison à Toulon, & avant son sejour au Couvent d'Ollioules, &c.*

Là-dessus on a dit, ou ces trois mois doivent se prendre du jour auquel elle fait son Exposition, qui fut le 18. Novembre, & alors le commencement de son Obsession tomberoit vers le milieu du mois d'Août, qu'elle étoit au Couvent d'Ollioules, & non pas à sa maison comme elle le dit. Ou ces trois mois doivent se compter avant qu'elle allât à Ollioules, & comme elle s'y rendit le 6. de Juin, les trois mois auparavant remonteroient au commencement du mois de Mars, & que cela ne s'accorderoit pas avec ce qu'elle avance dans son Mémoire sur la Sœur Remusat, où elle dit qu'elle fut delivrée de cette Obsession à la mort de la Sœur Remusat arrivée le 10. Fevrier. Si l'Obsession avoit fini alors, comment les Visions, les Extases, & les faits pretendus miraculeux, qui en sont l'effet, seroient-ils arrivez pendant le Carême, ou même posterieurement ?

Mais tout cela n'a pour fondement que l'équivoque que l'Official a faite, ou par mégarde, ou peut-être même par malice, en mettant le mot *depuis* environ trois mois, pour le mot *pendant* environ trois mois, dont cette pauvre Fille ne s'aperçut pas à cause de la surprise où elle fut jettée par l'apareil bruyant de cet Accedit scandaleux. Et pour mettre ce point dans une évidence, que l'obstination la plus Jesuitique, soit forcée de se rendre, nous n'avons qu'à faire ici quelques briéves observations.

La premiere est que la Demoiselle Cadiere a toûjours fixé tant par ses Réponses devant l'Official, que par son Exposition, & ses Reponses devant le Lieutenant, le commencement de cette Obsession à la vision d'une ame en état de peché mortel, qui est le pretexte sous lequel le P. Girard l'obligea à l'accepter. Cela suposé pour fixer le tems de cette Vision, & l'époque de cette Obsession, & enore la fin suivant le plan que l'Accusé avoit persuadé à cette Fille, nous n'avons besoin que des propres réponses du P. Girard, nous ne pouvons pas employer un témoignage qui lui soit moins suspect.

B

Or par sa réponse au 41. Interr. il fixe lui-même le tems de cette vision, & l'époque de l'Obsession vers la fin du mois de Novembre, ou au commencement de Decembre 1729. Interr. *Si ladite Cadiere ne lui a pas raconté d'avoir eu en Vision une ame chargée de pechez, & en état de se perdre, & que Dieu lui avoit proposé que pour le salut de cette ame, il falloit qu'elle acceptât l'état d'Obsession pendant un an?* A répondu qu'elle le lui a dit à la fin de Novembre ou au commencement du mois de Decembre de l'année 1729., & qu'il ne sçait pas si elle lui a marqué le tems de la durée de l'Obsession.

Dans le 45. Interr. on interroge le P. Girard sur la fin de cette Obsession, & il la fixe au 20. Fevrier. Interr. *Combien de tems elle lui avoit dit d'avoir resté dans cet état?* A répondu que cet état finit vers le 20. Fevrier. Il est donc prouvé par les propres Aveus de l'Accusé, que cette Obsession avoit commencé sur la fin du mois de Novembre 1729., & qu'elle a fini sur la fin du mois de Fevrier 1730. & voilà en même tems la preuve que cette Obsession suivant le P. Girard, & la fausse persuasion qu'il en avoit faite à la Cadiere, avoit duré environ les trois mois marquez dans le Verbal d'Accedit; ce point est donc absolument éclairci. Passons à l'autre, qui est de sçavoir, si l'Obsession a veritablement cessé au mois de Fevrier 1730. ou seulement au mois de Novembre suivant.

Il est bien vrai que l'Accusé pour attribuer un faux miracle à la Sœur de Remusat son ancienne pénitente, & pour parvenir un jour à sa Canonisation, avoit fait accroire à la Demoiselle Cadiere, que lors de la mort de la Sœur de Remusat, celle-cy lui avoit obtenu la délivrance miraculeuse de son Obsession, & le lui a fait dire ainsi dans le Memoire, qu'il lui a fait faire sur la Sœur de Remusat, & qu'il a produit lui-même. Il le lui avoit si bien persuadé, qu'elle l'a encore répondu ainsi sur le 59. Interr. *Interrogée de nous dire, comment elle fut delivrée de cet état d'Obsession?* A repondu que ce fut miraculeusement à la mort de la Sœur de Remusat. Mais il est certain que l'Obsession ne finit pas alors, & qu'elle a continué jusques au mois de Novembre 1730., & par consequent pendant un an suivant la Vision, sous le pretexte de laquelle le P. Girard la força de l'accepter. Cela est prouvé 1°. Par la réponse de la Querelante à l'Interrogatoire subsequent. Interr. *En quel état elle se trouva lorsque cette Obsession fut finie?* A repondu qu'elle tomboit deux ou trois fois par jour dans des accidents, qui commençoient par un chatoüillement de cœur, suivi d'une suspension, & d'une interdiction totale de ses sens, ayant même les membres roides, ce que le P. Girard lui fit regarder comme des Extases de l'operation divine. Voilà la description des accidens d'Obsession qui ont continué, & que le P. Girard lui faisoit regarder comme des Extases de l'operation divine, pour ne pas donner atteinte au faux miracle de la Sœur de Remusat.

2°. La continuation de l'Obsession est justifiée non seulement par une foule de Témoins, qui prouvent les accidents qu'elle avoit eu ensuite au Couvent, & après sa sortie, mais encore par les Lettres tant de la Cadiere, que de l'Accusé produites au procez, comme nous l'avons montré à la pag. 2. & suivantes de nôtre Precis des charges.

La onziéme pretenduë contradiction est tirée de ce que la Demoiselle Cadiere dans ses deux Expositions dit, qu'elle s'est trouvée dans une cessation de toute priere. Cependant son Memoire du Careme, & ses Lettres ne parlent que de prieres, & d'Oraisons; qu'elle recitoit l'Office, assistoit à tous les exercices de la Communauté, prioit pour les uns, & pour les autres.

Nous défions les Jesuites de trouver ni dans le Careme, ni dans les Lettres, qu'il y soit parlé de prieres vocales, ni de recitation de l'Office, ni même le terme d'Oraison; & si dans quelque Lettre il y a, par exemple, priés pour vôtre Pere, pour vôtre Frere, pour vôtre Ami, pour vôtre Fils, & pour vôtre Serviteur, ce n'étoient là que des termes de tendresse, qui signifient toute autre autre chose que de prieres, comme ces termes suivants, *Voilà bien de titres pour interesser un bon cœur*, le prouvent. D'ailleurs les Quiétistes n'ont-ils pas leur Oraison de regard? Et c'est une grande équivoque de prendre l'assistance aux Offices pour une 'priere vocale, comme si on n'y pouvoit pas assister sans prier : & n'est-il pas prouvé par la procedure qu'elle étoit alors dans une impuissance absoluë de priere ?

On fait consister la douzieme prétenduë contradiction en ce qu'on pretend que l'Official ayant demandé à la Demoiselle Cadiere, si elle ne sçait pas que certaines personnes ont pratiqué des Devotes du P. Girard pour leur faire dire qu'elles étoient Obsedées ? Elle répond qu'elle n'en sçait rien ; & que cependant aux 135. & 136. Interrogatoires elle a convenu que la Batarelle, l'Allemande, & la Reboul avoient été sollicitées chez elle, & en sa presence par le P. Nicolas de dire qu'elles étoient possedées, & que ces femmes l'ont ensuite deposé.

C'est là une insigne fausseté, puisque l'Allemande ni la Batarelle n'ont rien deposé de pareil, & que la Demoiselle Cadiere par ses Réponses aux 135. & 136. Interr. quoique faites le jour de la variation n'a rien dit de semblable.

La treiziéme contradiction consiste en ce qu'elle dit d'un côté, qu'elle perdit l'usage de ses sens, ensorte qu'elle demeura sans connoissance ; & de l'autre elle raconte jusques aux moindres particularités de ce qui se passa entre elle, & son Directeur.

Ici comme ailleurs on confond tout : cependant il faut distinguer deux tems : celui qui se passoit durant les Extases, ou les accidents, & celui qui se passoit lors qu'elle avoit l'usage de tous ses sens. A l'égard du premier elle ne fait d'autre detail que de la situation, & des circonstances où elle se trouvoit au retour de ces Extases, ou de ces accidents, & ce détail ne consiste qu'aux postures immodestes dans lesquelles elle se trouvoit alors avec son Directeur auprès d'elle ; aux douleurs qu'elle ressentoit aux parties, & en ce qu'elles étoient mouillées, ce qui sont les marques non équivoques d'une Fille violée. Quand au second tems, on ne conteste pas qu'elle ne sçût tout ce qui se passoit, ainsi point de contrarieté.

La quatorziéme est fondée sur ce qu'elle ose avancer que parmi les plus grandes infamies, elle étoit ravie pourtant, & charmée par des sentiments tous Divins, puisque toutes les fois que le Pere la touchoit, elle recevoit des graces, & des faveurs ; a-t-on jamais rien vû de si horrible, dit l'Accusé ?

Il est difficile de comprendre comment on trouve là une contrarieté. Au surplus si ces sentiments sont horribles, toute l'horreur en doit être attribuée à cet impie Directeur ; & c'est précisement là ce qui prouve qu'à la faveur des maximes abominables du Quietisme, il avoit persuadé à cette infortunée Penitente, que toutes les infamies de l'amour charnel étoient des attouchements de l'amour Divin, comme nous l'avons prouvé tant à la page 13. de nôtre Précis, que dans le précedent chapitre de ce Memoire.

5°. On dit que si ce souffle, avec lequel la Cadiere pretend que le Pere Girard lui avoit donné de l'amour, étoit une fois admis, quelle horrible consequence contre un Sacrement, qui est la destruction du peché, & le fleau du Demon ; une pénitente se verroit exposée à perdre ce qu'elle a de plus cher devant Dieu, & devant les hommes. Ce raisonement ne peut servir qu'à prouver qu'il faut necessairement punir le Pere Girard, & qu'il seroit d'une consequence funeste pour la Religion, & le public de laisser ses crimes impunis.

Enfin l'Accusé oppose que suivant les réponses de la Demoiselle Cadiere devant l'Official, elle fixe l'époque de la jouissance au jour qu'il lui donna la discipline, qui est le 22. ou le 23. Mai 1730. c'est à-dire, 11. ou 12. jours avant qu'elle fût au Couvent d'Ollioules, où elle alla le 5. Juin d'après : Et de là il a conclud que s'il n'avoit joüi d'elle pour la premiere fois que le 23. May, il n'étoit pas possible qu'avant qu'elle eût été au Couvent, elle eût eu une supression de ses regles pendant trois mois, & qu'elle se fût blessée dans cet intervale du 23. May au 5. Juin.

Nous avons montré la fausseté, & même le ridicule de cette objection à la pag 66. & 67. de nôtre Réponse à son premier Memoire. Il faut être Jesuite pour venir la renouveller ici de sang-froid sans avoir sçû répondre aux raisons invincibles que nous avions employées pour la détruire : il suffira de les rapeller ici. Pour cela il faut dabord observer que la Demoiselle Cadiere par ses réponses devant l'Official com-

-mence par faire le détail des visites que le P. Girard lui faisoit presque journellement depuis le commencement de son Obsession, qui étoit à la fin de Novembre, ou au commencement de Decembre 1729. suivant l'aveu de l'Accusé, & dit que toutes les fois qu'il l'alloit voir il s'enfermoit avec elle, l'embrassoit, la baisoit, & qu'au retour de ses Extases, ou de ses accidens, elle se trouvoit dans des situations indecentes avec son Directeur, se sentoit ses parties mouillées, avec des douleurs. Ce sont bien là les marques certaines de la jouissance. Dans la suite, elle fait le détail du jour de la discipline, comment il la fit deshabiller, & mettre en chemise, & voici ce qu'elle ajoûte. *Elle vit alors qu'il se dressa, la vint embrasser par le derriere, sentant alors de très-grandes douleurs, n'ayant jamais eu connoissance auparavant comment ces sortes de choses se faisoient : auparavant sentant seulement comme un doigt, & une chose dans les entrailles, qui lui remüoit, se sentant toute moüillée, ce qui lui arrivoit toutes les fois que le P. Girard venoit à sa maison.* C'est de cet endroit, & de ces mots, *n'ayant jamais eu connoissance auparavant comment ces sortes de choses se faisoient,* que les Jesuites ont voulu conclurre que c'étoit donc là l'époque de la jouissance, & que l'Accusé n'en avoit pas joui auparavant. Mais c'est-là une équivoque ridicule.

1°. Parce que si jusques alors, elle n'avoit pas eu connoissance comment ces sortes de choses se faisoient, c'est parce qu'il jouissoit d'elle dans un tems qu'elle avoit perdu l'usage de ses sens, ou par des extases, ou par des accidens ; au lieu que le jour de la discipline, ayant repris l'usage de ses sens lorsqu'il en abusoit, elle vit pour la premiere fois comment ces sortes de choses se faisoient.

2°. Il est si bien prouvé par ces mèmes réponses qu'il en avoit joui plus de quatre mois avant le jour de la discipline, qui est le 22. ou le 23. Mai, qu'avant que de parler de ce jour, elle avoit deja fait le detail de tous les faits qui prouvent qu'il en avoit joui depuis plus de quatre mois pendant la durée de ses extases, ou de ses accidents, qui la jettoient dans une interdiction totale de ses sens, puisqu'elle dit que depuis trois ou quatre mois qu'il s'enfermoit seul avec elle, au retour de ses extases & de ses accidents, elle se trouvoit avec lui dans des postures immodestes, & se sentoit des douleurs aux parties, & les parties moüillées. N'est ce pas là la preuve la plus précise, & la moins équivoque de la joüissance ?

3°. L'endroit mème qu'on nous oppose & sur lequel on fonde cette mauvaise équivoque, ne suffit-il pas pour le detruire, puisqu'après avoir dit ce qui s'étoit passé le jour de la discipline, & qu'elle n'avoit jamais eu connoissance auparavant comment ces sortes de choses se faisoient, elle detaille ce qu'elle sçavoit de ce qui s'étoit passé auparavant, & ce qu'elle avoit senti ; & voici la discription qu'elle en fait immediatement après les termes que nous venons de raporter. *Auparavant sentant seulement comme un doigt, & une chose dans les entrailles, qui lui remüoit ; se sentant toute moüillée ; ce qui lui arrivoit toutes les fois que le P. Girard venoit à la maison ; qu'elle resta trois mois sans avoir ce qui lui est ordinaire ; que pendant 8. jours il lui aporta dans ce tems là à boire dans une écuelle une espece de liqueur rougeâtre, qui avoit fort mauvais goût ; lui maniant très-souvent le ventre ; au bout duquel tems un jour elle aperçut faire une masse de sang, qui tomba tout à la fois ; depuis lors il lui continua un grand perdre dont ledit Pere voulut être temoin, lui disant de se mettre sur le pot devant lui. &c.* Ces termes prouvent donc invinciblement que depuis que le P. Girard alloit à sa maison, ce qui avoit commencé au mois de Decembre 1729. il joüissoit d'elle, & lient la supression des Regles, & l'Avortement à cette joüissance anterieure au jour de la discipline.

Bien d'avantage, il est évident que la joüissance du jour de la discipline étoit toute opposée à la precedente, puisqu'auparavant elle sentoit comme un doigt qui lui remüoit dans les entrailles ; au lieu que le jour de la discipline, elle dit qu'il l'embrassa par derriere, qu'elle sentit des grandes douleurs ; mais elle ne dit pas d'avoir senti comme un doigt, ni aucune autre chose qui lui remüât dans les entrailles ; ce qui fait voir que c'étoit-là une de ces joüissances, que la Loy punit du feu. Il est surprenant qu'on fasse semblant de ne pas sçavoir distinguer deux joüissances si differentes.

Enfin

Enfin comment veut l'Accusé persuader qu'il n'avoit joüi de sa pénitence, que le 22. ou le 23. May, jour qu'il lui donna la discipline, tandis qu'il convient d'avoir vû le pot plein de sang, qui est l'époque de l'Avortement, quatre ou cinq jours après Pâques, qui en 1730. étoient le 9. Avril; de sorte qu'il place par là lui même l'Avortement plus d'un mois avant le jour de la discipline. Rien ne prouve mieux le desespoir de la cause de ce Jesuite, que de voir qu'on ne s'acroche de sa part qu'à des mauvaises équivoques, si bien detruites par les pieces.

REPONSE A LA TROISIEME DEFFENSE
du P. Girard, fondée sur les contradictions, & les impostures dans lesquelles il pretend que la Demoiselle Cadiere est tombée depuis qu'elle lui a intenté ce procez.

1°. L'Accusé oppose ici la contrarieté qu'il y a entre les réponses de la Demois. Cadiere des 25. & 26. Fevrier, & celles du 27. Il faut avoir l'impudence d'un Jesuite coupable, pour vouloir tirer un avantage de cette contrarieté, tandis qu'elle est une preuve des violences, & des menaces, qui lui ont été faites, & dont lui & ses Confreres sont l'inique principe, & qu'elle ne peut être retorquée que contre lui.

2°. Il dit qu'elle avoüe d'avoir eu la vision, dans laquelle il lui fut dit, que le P. Girard étoit l'homme, que Dieu lui destinoit, & de l'avoir euë au commencement qu'elle s'adressa à lui plus d'un an avant le soufle, & l'état d'Obsession auquel il attribuë les visions. Nous avons fait voir à la pag. 16. que ce n'étoit-là qu'un effet de la prevention de la Demois. Cadiere, & non pas une vision.

3°. Il dit qu'elle soutient hardiment avoir crû, & croire encore que la difference des Sexes ne se reconnoissoit que par celle des habits, & que cette simplicité ne s'accorde pas avec ce qu'elle raconte dans ses deux Expositions.

Il faut distinguer les tems : Elle étoit dans cette simplicité avant que ce Seducteur l'eût corrompuë, comme il est si notoire à Toulon ; & c'est à ce tems là qu'il faut raporter ces traits de simplicité sur la difference des Sexes. Mais après qu'il lui eut enseigné le vice à la faveur du Quietisme sous les aparences même de la vertu, elle a sçû par son malheur les differences des Sexes, & toutes ces choses qu'elle voudroit bien encore ignorer ; & c'est par raport à ce dernier tems qu'elle a fait les détails contenus dans ses Expositions.

4°. Il opose que la Demois. Cadiere a nié que son frere le Dominicain eût écrit la minute de ses Lettres ; & cependant ces minutes sont jointes à la procedure. Par les Interrogatoires on a demandé à la Demoiselle Cadiere si son frere le Dominicain minutoit ses Lettres ; elle répond qu'il ne les minutoit pas, & qu'il ne les faisoit qu'écrire sous son dictamen : Elle n'a donc pas nié que son frere le Jacobin eût écrit ses minutes : & comment auroit-elle pû penser à le faire, puisqu'elle sçavoit qu'elle avoit remis au P. Girard les minutes écrites par le Dominicain ?

5°. Il dit que le breuvage, dont elle s'étoit plainte dans ses Requêtes, étoit une invention grossiere, puisqu'il n'y a point de breuvage indicatif, & qu'elle l'a ensuite abandonné pour y substituer des menaces, tandis qu'elle a été bien en peine d'en raporter aucune preuve, & même de les detailler.

La methode des Jesuites est de repeter toûjours les mêmes raisons, quoiqu'on les ait detruites, sans répondre rien à celles qu'on leur a oposées. N'avons-nous pas fait voir à la page 23. de nôtre premier Memoire la realité de ce breuvage ; & que sans être indicatif, il avoit l'effet de rendre susceptible de toutes les impressions qu'on vouloit donner ; & que c'étoit dabord par-là qu'on avoit commencé à faire varier la Cadiere, & que les violences, & les menaces qui durerent jusques au 10. Mars, qu'elle revoqua cette variation, consommerent le reste ? Avons-nous jamais abandonné le breuvage pour ne nous en tenir qu'aux menaces ; & n'avons-nous pas soutenu tout cela cumulativement ?

2°. Si la cause se prouve par les effets, ces violences, & ces menaces ne sont-elles pas bien prouvées par la qualité de la variation, puisqu'on fait dire à cette Fille que le P. Girard l'a conduite par le chemin de la plus haute perfection ; qu'il ne s'est rien passé que de chaste, de pur, & même de saint entre elle, & son Directeur ; tandis qu'il est prouvé par la Procedure, les Lettres, & les Aveus de l'Accusé, qu'il l'a conduite par les damnables maximes du Quiétisme, & qu'il l'a souillée par les plus horribles infamies ?

3°. Si elle n'a pas detaillé toutes les circonstances de ces violences, & de ces menaces, on sçait assez quel en a été le motif : mais elle en fera elle-même le détail à la Cour, & l'on pourra joindre à l'évidence des preuves l'audition du Greffier de la Commission, comme elle l'a toûjours requis. N'est-il pas bien surprenant que l'Accusé ait la temerité d'oser parler d'une pareille chose, qui n'est pour lui qu'un nouveau sujet de confusion, & une nouvelle conviction de ses crimes, puisque quand on est innocent, on n'emploit pas des artifices si odieux, pour faire varier une Querellante ?

6°. Il a le front de reprocher à la Demois. Cadiere d'avoir fait au moins un parjure en le chargeant tantôt lui, & tantôt le Prieur des Carmes. Quelle impudence ! Est-ce la Querellante qui a volontairement chargé tantôt l'un, & tantôt l'autre de l'avoir séduite ? N'est-ce pas par l'effet des violences, & des menaces qu'on lui a fait dire que le Carme lui avoit persuadé que les manieres saintes du P. Girard étoient des crimes ? N'est-ce pas ce Jesuite, & ses Confreres, qui par le plus inique artifice qui sera jamais, ont voulu relancer sur le Prieur des Carmes le poids, & la peine des crimes de l'Accusé ? Et à travers de cette variation, ce dernier ne paroissoit-il pas encore bien coupable par les faits ausquels elle insistoit toûjours, comme de l'avoir baisée, de lui avoir mis la main au sein, de l'avoir faite deshabiller lorsqu'il s'étoit enfermé avec elle dans sa chambre, & autres faits semblables. Et indépendamment des preuves de la Procedure, les Lettres, & les Aveus du P. Girard, qui subsistoient toûjours, ne renfermoient-ils pas sa conviction ?

Enfin ce Coupable a-t'il bonne grace de venir reprocher à cette Fille un prétendu parjure, dont il seroit l'Auteur, lui qui est convaincu d'en avoir fait autant, qu'il a fait de réponses, & d'avoir marché dans une variation perpetüelle, comme nous l'avons prouvé par les Observations que nous avons faites là-dessus ? Et s'il faut juger par là du caractere des parties, comme il le dit, il est bien évident que la difference n'est pas à son avantage, & tout le Public le regarde avec autant d'horreur, qu'il s'interesse tendrement aux malheurs de cette Fille infortunée.

Enfin il opose que la Querelante sur le 91. Interr. a dit que sa Lettre du 24. Juillet, & celle de son Directeur du 22. avoient été écrites dans l'esprit de Dieu, & que cependant elle l'a depeinte dans la suite comme remplie de sentimens charnels. Ce n'est pas ici le lieu de ce mauvais pretexte ; nous en renvoyons la refutation au chapitre de l'Inceste Spirituel, où nous fairons voir que ce n'est pas par la réponse qu'on a fait faire à cette Fille, qu'il faut juger de la qualité de ces deux Lettres, mais par leur teneur.

REPONSE A LA QUATRIEME DEFFENSE du Pere Girard, tirée de ce qu'il pretend que la Demoiselle Cadiere est convaincuë d'Irreligion, & d'avoir suposé des faux Miracles pour imposer au public.

Il reproche dabord à la Cadiere, que les Visions dont ses Lettres, ses Mémoires, & ses deux Expositions sont remplies, portent toutes un caractere d'imposture : qu'on ne peut pas sans commettre un sacrilege suposer de pareilles Visions de la Sainte Trinité, de la Sainte Vierge, & des Saints, ni les raconter si faussement comme elle a fait dans le public, & dans ses Expositions, & avoüer par ses reponses les graces qu'elle pretend en avoir reçûës. Il ajoûte qu'il ne s'arrête pourtant pas à ces Visions, parce qu'on pourroit les regarder comme des songes, & les attribuer à une foiblesse d'esprit, quoy qu'elle n'ait jamais eût ce défaut.

Cette deffense ne sçauroit être ni plus injuste, ni plus odieuse de la part de l'Accusé. 1°. Ces Visions étoient l'effet de l'Obsession, ou du Quietisme dont il étoit l'Auteur, & une fois que l'un & l'autre sont prouvés, peut-on les attribuer à une autre cause ? En effet, on n'a qu'à lire Marie d'Agreda, & Marie Alacoque, & l'on y trouvera précisément les mêmes Visions, qui sont mentionées dans le Carême, dans les Lettres, & dans les Expositions de la Demoiselle Cadiere. Peut-il nier qu'il n'eût fait faire à la Sœur de Remusat un Carême tout semblable au nôtre, & dont il est saisi, & qu'il avoit tant fait lire à la Querelante dans la vûe de mettre ces deux Penitentes au niveau des deux premieres ? Et si la Societé revere tant les Visions semblables de Marie d'Agreda, & de Marie Alacoque ; si le P. Girard regardoit comme une piece, qui dût servir à la Canonisation de la Sœur de Remusat, le Mémoire qu'il lui avoit fait faire au sujet de ses Visions : Par quelle injustice veut-on en faire une impieté sacrilege à la Demoiselle Cadiere ?

2°. Il est prouvé par les Réponses, & les Lettres du P. Girard qu'elle lui avoit raconté toutes ces Visions à mesure qu'elle les avoit eûes : D'où vient qu'il ne les avoit pas traitées alors d'impieté, & qu'au contraire il les avoit aprouvées, comme des graces de prédilection ? Il est prouvé par la procedure, & il en convient, que la premiere partie du Carême contenant les Visions des dix premiers jours, où sont celles de la Sainte Trinité, de la Sainte Vierge, & des Saints d'une maniere pleine de blaspheme, & les graces les plus extraordinaires, lui avoit été remise avant qu'elle fût au Couvent. D'où vient que bien loin de la regarder comme une impie sacrilege, au contraire par les deux Lettres qu'il écrivit à l'Abbesse il la lui donnoit pour une Sainte ; la prioit de lui donner la Communion tous les jours, & l'assuroit qu'elle reconnoitroit bien-tôt que Dieu ne la trouvoit pas indigne de cette grace singuliere ? La Demoiselle Cadiere par sa Lettre du 22. Juillet, lui avoit marqué qu'elle avoit eu une Vision, qui est pleine de scandale, & même de blaspheme. Voici les termes de cette Lettre. *En sorte que Dieu le Pere se presenta à moy, & me fit connoître qu'il m'avoit unie à lui de toute éternité pour m'associer aux desseins particuliers qu'il avoit eu sur son Fils pour la Redemption des hommes, pour l'augmentation de sa gloire, & pour être l'objet de ses complaisances : Le même soir me trouvant à table le morceau à la bouche, je tombay en defaillance, & Dieu me manifesta dans ce moment la recompense qu'il reservoit à nôtre Superieure, il me fut encore decouvert la gloire dont joüissoit Sainte Magdelaine la chere amante de Jesus-Christ ; & que la place qu'elle occupoit étoit celle que Lucifer avoit perduë : Et alors ayant aperçû les trois Personnes adorables de la Trinité, elles me declarerent qu'aprez Marie Mere de Jesus-Christ, elles n'avoient honnoré & comblé aucune creature sur la terre de tant de faveurs, & de graces que Marie-Catherine. Dans ce moment j'aperçus que le Pere, & le Fils tenoient une Couronne en main, dont je ne sçaurois vous exprimer ni la beauté, ni l'éclat à cause qu'elle est au-dessus de toute expression humaine, & me trouvant élevée à un si haut degré de gloire, j'entendis ces paroles ; Recevez, ma Fille, la Couronne d'Immortalité, & de Gloire que je vous destine de toute éternité. C'est là, mon cher Pere, tout ce que puis vous dire dans l'état où je me trouve.* La voilà la Co-Redemptrice du Genre Humain dans cette Vision ; n'est-ce pas là la Vision la plus impie, & la plus blasphematoire, qu'on puisse imaginer, la vapeur la plus noire, qui puisse sortir de l'abîme de l'Obsession, ou du Quietisme ? Cependant le Pere Girard par sa fameuse Lettre du même jour qui est la reponse à celle de sa Penitente, la reprend-il de cette irreligion, & de cette impieté ? Non sans doute ; au contraire il l'en loüe, & apelle cela une continuation des misericordes de Nôtre-Seigneur ; il en fait le sujet d'une action de graces ; il l'exhorte de continüer de se livrer à ces Visions. *Je rends mille graces à nôtre Seigneur, lui dit-il, de la continuation de ses misericordes. Pour y repondre, ma chere Fille, oubliez-vous, & laissez faire ; ces deux mots renferment la plus sublime disposition.*

D'où vient qu'il n'a reconnu l'impieté de ces Visions que depuis que la Demoifelle Cadiere eft devenuë fon Accufatrice, & qu'elle a defferé à la Juftice les crimes abominables, dont il eft convaincu ? Que tant qu'elle a été fous fa Direction il s'en eft rendu l'impie approbateur ? Cette énigme n'eft pas bien difficile à comprendre : C'eft qu'il étoit lui-même l'Auteur de ces Vifions blafphematoires par l'Obfeffion, ou le Quietifme où il avoit jetté fa Penitente, & qu'il s'en fervoit comme d'un moyen pour lui perfuader que le commerce abominable qu'il avoit avec elle, étoit l'operation de l'amour Divin. C'eft ainfi qu'il fe joüoit de la Religion, & de Dieu-même, & qu'il faifoit fervir ce qu'elle a de plus faint & de plus refpectable à fes plus infames plaifirs : Car autrement auroit-il aprouvé des Vifions fi fcandaleufes ? Quelle iniquité de vouloir aujourd'hui relancer fur cette Victime innocente de fes brutalités, la haine de ces impietés, dont il eft le feul auteur. Et cela feul ne devroit-il pas fuffire pour fixer une fois pour toutes, & irrevocablement les idées, & pour prouver que s'il eft le plus diffolu de tous les libertins, il eft encore le plus grand de tous les prophanateurs de nôtre fainte Religion.

L'Accufé opofe que la Demoifelle Cadiere avoit dit dans le Mémoire du Careme qu'elle l'avoir paffé fans prendre aucune nourriture quoiqu'elle fût alors enceinte ; que ce n'eft qu'après coup qu'elle s'eft avifée de dire que dabord qu'elle avoit pris des aliments elle les rendoit avec des grands efforts qui lui avoient caufé un crachement de fang ; qu'il eft impoffible qu'une perfonne puiffe vivre 40. jours fans manger ; que le breuvage qu'elle veut qu'on lui eût donné dans ce tems là pour la faire avorter auroit toûjours été un aliment ; qu'il eft prouvé par des Temoins qu'elle avoit mangé pendant tout le Careme ; & que de là il s'enfuit, 1°. Que toute l'Accufation du Sortilege difparoit par ce feul trait. 2°. Que cela fuffit pour montrer la fupofition des Stigmates, de la Couronne, des Croix defcenduës du Ciel, & des enlevements dans les airs.

A-t-on jamais tiré de plus fauffes confequences que celles-là ? Si la Demoifelle Cadiere a mangé pendant le Carême, il n'y a plus de Sortilege, ni d'Obfeffion, il n'y a plus de Couronne, de Stigmates, ni de Transfigurations &c. Un pareil raifonnement ne choque-t'il pas les premiers élements de la dialectique ?

2°. Ce n'eft pas après coup que la Demoifelle Cadiere a dit que pendant le Careme elle avoit bien fouvent maché des aliments, mais qu'il ne lui étoit pas poffible de les avaler, & qu'au moment qu'elle faifoit des efforts pour les faire defcendre dans fon eftomach, elle les rejettoit avec plus de violence, & que ces efforts lui avoient caufé un crachement de fang, puifqu'elle l'a dit dans fes Réponfes lors de l'Accedit qui eft la premiere procedure faite dans ce procès, où elle ajoûte que le Pere Girard lui difoit de ne point manger abfolument, mais qu'elle avoit toûjours taché de le faire pour ne pas tenter Dieu : elle a repeté la même chofe dans fon Expofition faite devant le Lieutenant.

3°. De toute cette vafte procedure compofée de 113. temoins, il n'y a que la Laugier penitente Stigmatifée, une des Maitreffes de l'Accufé, & qui a été mife *in religione*, qui dife que la Querelante avoit mangé avec elle pendant le Carême. Or cette depofition ne peut faire icy aucune foy. 1°. Par la qualité du temoin comme nous venons de le remarquer. 2°. Parce qu'elle eft en cela un temoin fingulier. 3°. Parce qu'elle eft un faux temoin ; & cela eft prouvé en deux manieres par fa propre depofition : Car d'une part elle dit que toutes les fois que l'Accufé a été chez la Cadiere, elle ne l'a jamais perduë de vûë, pour perfuader qu'il ne s'eft jamais enfermé avec elle : Cependant il avoüe par fa Réponfe au 83. Inter. qu'il s'eft enfermé 8. à 9. fois tout feul avec fa Penitente dans la chambre de celle-ci la porte étant fermée à clef. Voilà donc la Laugier convaincuë de faux fur cet article par l'aveu même de l'Accufé. Or c'eft une maxime conftante au Palais qu'un temoin qui eft convaincu de faux dans un fait effentiel, eft reputé faux dans tout le refte de fon temoignage, fuivant tous les Criminaliftes, & tous les Docteurs, comme on le peut voir dans Farinacius en fon Traité *de Teftib. q. 57. §. 4.*, dans Menoch *de Præfumpt.* Liv. 5. *Præf.. 22.*, dans Mornac fur la Loi 1. au Cod. *de Edend.*, & fur la Loy penult. au Cod. *de Transfact.* Parce que la foy

des

des Temoins , comme celle des Actes , est indivisible : Et de l'autre parce que le fait depofé par ce témoin , & par lequel on veut prouver que la Cadiere avoit mangé pendant le Carême comme dans les autres tems, est evidemment faux, puifque la Laugier dit qu'elle mangeoit alors avec la Querelante des patés & des poulardes : Or mange-t'on de pareilles chofes pendant le Careme , & la fcrupuleufe Laugier en auroit-elle mangé pendant ce faint tems ? En faut-il d'avantage pour prouver la fauffeté de ce temoin ? En effet , n'eft-il pas juftifié par la procedure , & fur-tout par la depofition de la Servante qui eft ici un temoin neceffaire, que la Demoif. Cadiere pendant tout le Careme n'avoit pas pû avaler les aliments folides , & que dabord qu'elle les avoit machés , elle étoit obligée de les rejetter, que les efforts qu'elle avoit faits ou pour les avaler, ou en les regorgeant, lui avoit attiré un crachement de fang , & que le P. Girard lui difoit de ne point manger abfolument ?

4°. Comment ofe l'Accufé imputer à la Cadiere & à fes parents d'avoir voulu lui faire accroire & même au public qu'elle n'avoit mis aucun aliment dans fa bouche pendant tout le Careme , & de lui avoir diffimulé qu'elle en avoit maché , quoi qu'elle n'eût pas pû les avaler, puifqu'il eft prouvé par fa propre réponfe au 48. Inter. que la Cadiere & fes parents le lui avoient dabord declaré. Inter. *S'il fçait qu'elle a paffé ce Careme fans avoir pris aucune nourriture ?* A repondu *qu'elle lui a dit n'avoir rien avalé de folide dans tout le Careme , & que quand elle étoit obligée de prendre quelques aliments devant fa famille elle les machoit , & ne les avaloit point.* Voilà dans quel fens on avoit dit qu'elle n'avoit point mangé pendant le Careme. Mais fi elle n'avoit avalé aucun aliment folide durant ce Careme , comment auroit-elle pû fubfifter, & fur-tout étant alors enceinte d'un mois & demi, ou de deux ; & c'eft ici la derniere difficulté que l'Accufé oppofe , comme une preuve d'impofture ?

Un Jefuite quoi qu'il ne foit pas plus chafte qu'un autre homme , eft quelque fois moins inftruit de ce qui femble faire ici le fujet du faux étonement de l'Accufé. Car 1°. le fuc des aliments qu'elle machoit n'étoit-il pas capable de nourrir la Demoif. Cadiere , & fur tout dèz qu'elle ne faifoit point d'exercice , & qu'elle gardoit le lit ? Eft-ce ce qu'il y a de groffier dans les aliments , & qui n'eft bon qu'à enfler le ventre, & embarraffer l'efthomac qui nourrit , ou bien ce fuc fubftantiel , qui s'en fepare par la premiere digeftion , qui fe fait pour ainfi dire dans la bouche ?

2°. Un fétus d'un mois & demi , ou deux , a-t'il befoin d'autre nourriture, que du fang que la nature lui fournit par la fuppreffion des regles ?

Enfin bien loin que fa groffeffe rende la chofe impoffible , elle ne fert qu'à la rendre plus croyable , & plus fenfible. Car combien de femmes ne voit-on pas, qui dèz le premier moment de leur groffeffe ne peuvent plus rien avaler de folide , & qui paffent fouvent plufieurs mois dans cette fituation ? La Medecine n'a-t'elle pas même mis cela au rang des fimptomes de la groffeffe ? Mais d'où vient que la chofe avoit parû alors fi poffible à l'Accufé , & tant qu'elle a demeuré fous fa direction, qu'il ne l'avoit pas regardée comme une impofture de la part de fa Penitente , & qu'il ne l'avoit pas qûittée ? D'où vient que le fait ne lui a paru impoffible que plus de 6. mois après , & lorfqu'il a été accufé de tous les crimes dont il eft coupable ?

Au furplus , qui a jamais mis au nombre des aliments les breuvages donnés pour faire Avorter ? & qui peut prendre pour un principe de vie ce qui n'en n'eft qu'un de mort ? D'ailleurs auroit-ce été là un de ces aliments folides , que fon efthomac ne pouvoit pas alors fuporter, outre que ce breuvage n'avoit commencé qu'au dernier jour du Careme ?

En fecond lieu l'Accufé opofe , que fuivant le temoignage de la Servante le pot de fang qui eft l'époque de la bleffure ne lui fut donné que 3. où 4. jours après Pâques. Or , dit-il , comment pourroit-on placer là les 7. à 8. jours confecutifs pendant lefquels elle veut qu'il lui eût donné le breuvage pour le lui procurer, puifque depuis le Jeudy-Saint jufqu'au Samedy fur les dix heures du matin elle avoit demeuré en Extafe immobile & hors de toute connoiffance.

Quoique cette objection foit ici hors d'œuvre , & qu'elle ne pût être placée que dans le chapitre de l'Avortement , neanmoins pour n'en pas differer la refutation,

G

nous en allons montrer ici la fausseté. Suivant la deposition de la Servante, & même l'Aveu du P. Girard, le fait du pot plein de sang est placé environ 4. jours après Pâques ; ainsi en commençant par le Samedy Saint qu'elle fut revenuë de l'Extase, & de la Transfiguration jusques à 4. jours après les Fêtes de Pâques, ne trouve-t'on pas là les sept à huit jours consecutifs ? Et par quel excès de mauvaise foy nie-t'on ici les faits les plus certains ?

En troisieme lieu, il opose qu'elle dit dans son Exposition, que pendant le Careme le P. Girard venoit tous les jours sucer ses plaïes tant du cotté, que des pieds ; que cependant suivant son Mémoire du Careme, elle n'avoit reçû les plaïes des pieds, que le Vendredy Saint ; & de-là il veut conclurre la preuve d'une contradiction, & d'une imposture qu'on ne sçauroit excuser.

Pour montrer la fausseté, & même la supercherie de cette objection, il faut raporter ici les termes des reponses de la Cadiere devant l'Official sur lesquels il la fonde. *Quand elle eut reçû ces plaïes pendant le Careme, il venoit tous les jours sucer lesdites plaïes tant du cotté, que des pieds.* Elle ne dit pas qu'il eût sucé ses plaïes pendant tout le Carême, comme on a la mauvaise foy de le dire ici contre la teneur de la piece ; mais elle dit seulement qu'elle avoit reçû ces plaïes pendant le Careme, & que depuis qu'elle les eut reçuës, il les alloit sucer presque tous les jours. En effet il est prouvé, & convenu qu'elle avoit reçû celle du cotté gauche au commencement du Careme lors de la Vision du Cœur de JESUT-CHRIST percé de diverses blessures par les pechés des hommes, & les autres lors de la Transfiguration du Vendredi-Saint. C'est ainsi qu'un Jesuite coupable ne se deffend que par des impostures.

Il veut attribuer les transfigurations à un barbouillement fait avec un sang periodique, parce qu'il y en avoit eu trois qui étoient arrivées à peu près dans le même tems de chaque mois, sçavoir une le 6. & non pas le 7. Avril, l'autre le 8. Mai, & la derniere le 7. Juillet : il nous réproche d'avoir laissé cette difficulté sans réponse par tous nos Mémoires, & il ajoûte qu'il doit être prouvé par la procedure, que personne n'a jamais été temoin du commencement des transfigurations de la Cadiere en *Ecce Homo*, & qu'avant de se barboüiller le visage de son sang, elle faisoit retirer sous divers pretextes celles qui étoient avec elle, & qui auroient pû être temoins de la maniere dont elle s'y prenoit pour se défigurer ainsi ; ce fait est certain & par les temoins & par ses propres lettres. On lit par celle du 8. Août : *J'ay pris ce matin une medecine, qui m'a tellement épuisée, & bouleversée qu'elle m'a causé un crachement de sang, qui m'oblige de garder le lit, ce qui a effrayé la Communauté, qui au retour de la Messe m'a trouvée toute couverte de sang ;* elle prit prudemment le tems que toutes les Religieuses étoient à la Messe pour se barboüiller le visage ; la personne qui avoit passé avec elle la nuit du 7. au 8. Juillet, ne fut-elle pas congediée sous pretexte de quelque besoin, & à son retour ne la trouva-t'elle pas barboüillée de sang, ainsi que dans toutes les autres transformations ? Ce sont les propres termes des Jesuites à la page 14., & à la 15. ils ajoûtent que le P. Girard n'a jamais été auprès d'elle dans le tems de ses transformations, & sur tout au commencement.

Mais tout cela n'est évidemment fondé que sur l'imposture. Car 1°. il est faux que toutes les transfigurations soient arrivées le 7. ou le 8. de chaque mois, puisque la premiere, qui étoit celle du Jeudy-Saint jusqu'au Samedy, commença le 6. Avril, celle du mois de May fut le 8., & dans le mois de Juillet elle en eut deux, une le 7. prouvée par la Procedure & par l'Aveu de l'Accusé sur le 116. Inter., & l'autre le 20. du même mois justifiée par la Lettre du 21. Il est donc faux que toutes les transfigurations soient arrivées le 7. ou le 8., & il y en a eu deux dans un mois ; & par consequent elles ne peuvent pas avoir été faites avec un sang periodique, qui ne vient pas deux fois le mois.

2°. Comment veut l'Accusé que ces transfigurations ayent été faites du sang periodique de la Cadiere, puisqu'elle n'avoit ses regles que le 29. ou le 30. comme il est justifié par la Lettre du Pere Girard du 30. Juillet, où il lui demande en termes envelopés, quand & comment ses regles lui étoient revenuës. Doncques les transfigurations des 6. 7. 8. & 20. ne pouvoient pas avoir été faites avec ce sang.

3°. Il est prouvé par la procedure & par l'Aveu de l'Accusé, que le fait du pot de sang, qui est l'époque de l'Avortement est arrivé 4. jours après Pâques ; comment auroit-elle pû avoir eu ses regles le Jeudi-Saint pour s'en barbouiller le visage ?

4°. La Lettre du 8. Août ne parle pas d'une transfiguration, puisque la Cadiere n'y dit pas qu'elle avoit tout le visage couvert de sang, mais bien que la medecine qu'elle avoit prise l'avoit tellement epuisée, & bouleversée, qu'elle lui avoit causé un crachement de sang, qui l'obligeoit à garder le lit ; que cela avoit effrayé la Communauté qui au retour de la Messe l'avoit trouvée toute couverte de sang, c'est-à-dire, du sang procedant du crachement. Il faut être Jesuite pour metamorphoser ce crachement de sang en transfiguration, puisque la transfiguration doit être un sang venu au visage, & non pas un autre sang étranger ; & si elle lui avoit voulu faire accroire que c'étoit-là une transfiguration, lui auroit-elle dit qu'elle avoit eu ce crachement de sang ?

5°. Pour confondre les Jesuites au sujet de la transfiguration du 7. Juillet, & montrer que la Demoiselle Cadiere ne pouvoit pas s'être peinte le visage pendant un demi quart d'heure que la Dame de Reimbaud, qui étoit avec elle fut absente, il suffit de raporter la deposition de cette Religieuse qui est le 22. temoin.

Depose, qu'ayant été prevenuë par ladite Cadiere le soir du premier Jeudy de Juillet dernier 6. du mois, qu'il lui devoit arriver quelque chose d'extraordinaire, elle se rendit à sa chambre le lendemain sur les 3. ou 4. heures du matin, & comme la Deposante étoit dans l'impatiance de voir de quoi il s'agissoit, elle ne se coucha point, & se rendit à l'heure de minuit à la chambre de ladite Cadiere, où après y avoir resté jusques vers les trois heures, elle fut priée par ladite Cadiere de lui aller prendre du feu, & lui chauffer du linge, attendu qu'elle se plaignoit d'une collique, & alors la Deposante ayant descendu dans la Cuisine, pour y prendre du feu, ayant pris le peu qui s'y trouva, elle monta dans la chambre de ladite Cadiere, qu'elle trouva dans toute autre situation, qu'elle ne l'avoit laissée, quoi qu'elle n'eût été absente qu'un demi quart d'heure tout au plus ; car l'ayant laissée dans son état naturel, elle la trouva ayant sur le front une couronne peinte, & sur son visage diverses impressions de sang sec, & enfin ayant tout le visage tel que l'on peint un Ecce Homo, le tout fait avec la derniere perfection, les piqueures de verolle qu'elle porte sur son visage ne se connoissoient point, ladite Cadiere étant alors immobile comme une personne morte, ce qui donna de la frayeur, & de l'étonement à la Deposante, ce qui dura environ deux heures, & occasiona toute la Communauté de la voir dans cet état, & après qu'elle fut revenuë de ses assoupissements, ou Extases, elle pria les Religieuses, qui étoient au tour d'elle de lui ôter cette impression de sang, qu'elle avoit sur le visage, ce que l'on fit effectivement avec un linge trempé dans l'eau, ce qu'ayant été raporté au P. Recteur des Jesuites, qui étoit venu le même matin, il leur dit qu'il faloit conserver ce sang qu'il fairoit des miracles dans son tems, qu'elle en avoit deja fait à Toulon, & que plusieurs personnes avoient ressenti l'effet de ses prieres. Et il est prouvé par d'autres temoins, & sur tout par la Demoiselle Hermite 94. temoin, que quoique cette transfiguration eût dabord commencé par une impression de sang sec, neanmoins le sang avoit ensuite decoulé du front, de la tête, & des mains de la Querellante.

Quoi, dans un demi quart d'heure que la Dame de Reimbaud fut hors de la chambre de la Demois. Cadiere, celle-cy auroit eu ses regles à point nommé, elle auroit pû même sans lumiere se peindre la couronne, & tout le visage, ce qu'un Peintre auroit fait à peine dans un jour ? Comment ce sang de l'impression du visage auroit été sur le champ sec ? Enfin comment ce sang qui étoit sec au commencement de cette transfiguration, seroit ensuite devenu liquide, & auroit coulé non seulement de la couronne, & du front, mais encore des mains au grand étonement de toutes les Religieuses, qui dez le premier moment de cette transfiguration ne bougerent plus de sa chambre jusques à ce qu'elle fût revenuë de cette Extase, & qu'on lui eût lavé le visage ? Etoit-ce là une peinture que la Demoiselle Cadiere eût pû faire avec un sang periodique, qu'elle n'avoit pas même alors, puisqu'il ne lui venoit qu'à la fin du mois ? Il faut donc convenir que cela n'est point naturel & ne pût être qu'un effet de l'Obsession.

6°. L'Accusé a la mauvaise foy de dire, qu'il n'a jamais été auprès de la Cadiere pendant le tems de ses transfigurations, & sur tout au commencement. Cependant le contraire est justifié par la réponse au 84. Inter. où il dit en propres termes, *Qu'il s'étoit enfermé deux ou trois fois avec elle dans sa chambre, lorsqu'il lui arrivoit d'avoir le front couvert de sang, ou quelque espece de ravissement.* Doncques il est prouvé par son propre aveu, qu'il a été auprès d'elle non seulement lors qu'elle avoit ces transfigurations, & qu'étant enfermé seul avec elle pour les examiner, il a vû, il a examiné avec loisir, & avec attention de quel sang elles étoient, & si le sang couloit ou étoit figé ; mais encore qu'il étoit auprès d'elle lorsque ces transfigurations commençoient, puisqu'il ne dit pas qu'il s'y étoit trouvé lors qu'elle avoit deja le front couvert de sang, mais lorsqu'il lui arrivoit d'avoir le front couvert de sang. Et s'il a été deux ou trois fois lui-même avec la Demois. Cadiere lors de ces transfigurations, avant qu'elle les eût, & au moment qu'elles ont commencé, & que le sang a parû, s'il en a été le seul contemplateur à porte fermée, comment a-t'il l'impudence de dire que lui ni personne autre n'ont jamais été presens au commencement de ces transfigurations, & que c'étoit la Demoiselle Cadiere, qui se barboüilloit avec un sang periodique ?

7°. S'il avoit regardé ces transfigurations comme faites avec un sang periodique. le jour de celle du 7. Juillet, il n'auroit pas dit aux Religieuses de conserver le sang qu'on avoit ôté du visage de la Cadiere en le lui lavant, parce qu'il fairoit ensuite des miracles, & qu'elle en avoit deja fait à Toulon, comme il est prouvé par le recolement de la Dame de Lescot 20. Tem., par la Dame de Beaussier la cadete 21. aussi dans son recolement, & par la Dame de Reimbaud 22. tant dans sa deposition que dans son recolement.

Enfin il n'auroit pas bû lui-même la moitié de l'eau dont il lavoit le visage de sa Penitente lors de ses transfigurations, & lui faisoit boire à elle l'autre moitié, comme il est prouvé par la Procedure, & sur tout par la deposition de la Batarelle. Enfin il ne se seroit pas fait remettre avec tant d'empressement la serviete dont on avoit essuyé le visage de la Cadiere le Vendredi Saint representant la face d'un *Ecce homo*, ni les coëffes teintes du sang de la Couronne.

L'Accusé dans son premier Memoire avoit dit que ce que nous appellons des Stigmates étoient des écroüelles ; & comme nous avons montré le ridicule de cette pretention à la pag. 8. de nôtre Réponse, & que la nature n'avoit pas encore placé les écroüelles au coté, ni sur le dos des pieds & des mains ; dans son second Memoire pag. 14. il n'a plus osé repeter le même pretexte, mais il a dit que c'étoient-là des playes naturelles, & anterieures de long-tems à l'époque qu'elle y donne du Vendredi-Saint 1730., & que ceux qui les avoient pensées long-tems avant le Carême, l'ont deposé. Ne diroit on pas à ce langage qu'il y a ici plusieurs témoins irreprochables qui ont pensé des plaies à la Demois. Cadiere avant le Carême ; cependant de tous les témoins de cette vaste procedure, il n'y en a qu'un seul qui en parle, c'est Marguerite Truc 44. Tem. & le 8.me du Promoteur ; n'est-il pas bien singulier de voir que le Vengeur public ait recherché un pareil témoin ; nous en avons fait l'Analise à la fin de la pag. 16. & au commencement de la 17. où nous avons fait voir que cette femme ne fixe pas le tems qu'elle avoit pensé les plaïes de la Demoiselle Cadiere, & dit dans sa confrontation avec elle qu'elle ne s'en ressouvient pas ; mais ce qui ne permet pas de douter que ce ne fût dans le Carême, & à l'époque que la Procedure, & les Aveus du P. Girard donnent aux Stigmates, c'est qu'elle dit qu'elle pensa la plaie que la Querellante avoit au coté gauche, & que quelques jours après celle-ci lui dit qu'elle avoit mal aux pieds, & qu'elle les lui pensa aussi. Car n'avons-nous pas fait voir qu'elle avoit reçû le Stigmate du coté gauche lors de la Vision du Cœur de Jesus-Christ percé de blessures, & qu'ensuite elle reçut les autres Stigmates le Vendredi-Saint ; ce qui fait voir que ce n'est pas avant le Carême que cette femme pensa les plaïes de la Demois. Cadiere.

Mais

Mais voici une circonstance qui montre bien la bonne foy de cette Fille, & la supercherie du P. Girard. Au moment qu'elle reconnut ses plaïes, elle envoya prendre cette femme pour y mettre des emplâtres, & la chargea d'en avertir le P. Girard, comme elle a été obligée d'en convenir dans sa confrontation ; ce qui montre qu'elle vouloit les regarder comme des plaïes naturelles ; mais l'Accusé lui persuada que c'étoient-là des vrais Stigmates, des plaïes divines ; lui fit ôter les emplâtres, lui deffendit d'y en mettre, la reprit très-severement d'y en avoir mis, & lui reprocha son peu de courage, & son peu de foy, comme il en convient sur le 75. Inter.

Enfin la verité, la realité de la Couronne & des Stigmates, n'est-elle pas bien prouvée non seulement par un grand nombre de Temoins, mais encore par les Lettres & les Aveus du P. Girard comme nous l'avons fait voir à la pag. 3. & 4. de nôtre Précis : il regardoit si peu ces plaïes comme naturelles qu'il les baisoit & les succoit, ainsi qu'il est justifié par les depositions de Messire Giraud, & de la Dame Boyer 2ᵈ. & 97. Tem., & par la réponse de l'Accusé sur le 75. Inter.

Le Querelé veut revoquer ici en doute le fait que la Demoiselle Cadiere avoit été élevée en l'air, & veut même en faire un pretexte de fourberie contre elle : mais cela n'est-il pas prouvé par les depositions de Messire Giraud & de la Dame Boyer, & encore par la réponse du Querelé au 88. Inter.

A l'égard des Croix, il sçait bien qu'il en avoit fait glisser une dans le lit de la Demoiselle Cadiere lorsqu'elle avoit ses accidents d'Obsession, qu'il lui avoit fait accroire que c'étoit une Croix miraculeuse, dont il se saisit, & qu'il ne voulut plus lui rendre ; que la Demois. Cadiere en mémoire de ce pretendu miracle fit faire trois simples Croix, l'une à un Menuisier du Parc apellé Hubert, qu'il donna ensuite comme simple Croix à l'Abbé Camerle, & deux autres qu'elle donna aussi pour simples Croix à la Dame de Reimbaud Religieuse Clairiste, comme il est prouvé par son récolement ; & que la cinquieme Croix est celle que le P. Girard lui mit dans sa cassette le 7. Juillet jour de la transfiguration qu'elle eut au Couvent, & qu'elle donna à son frere l'Abbé qui la garda comme une relique jusques à la decouverte de ce mistere d'iniquité ; voilà l'histoire des Croix dont il est parlé dans toute la procedure.

Enfin pour faire voir que ces faux miracles sont les crimes du P. Girard, & non pas de la Demoiselle Cadiere, c'est que tous ces faits extraordinaires procedoient ou de l'Obsession ou du Quietisme, & que c'est le P. Girard qui l'avoit jettée dans l'un & l'autre, & qui sachant que ce n'étoient là que des prestiges, avoit persuadé à cette infortunée Penitente, & à tout le public que c'étoient des miracles, comme nous l'avons prouvé dans nôtre Precis & au chapitre de l'Enchantement, & à celui du Quietisme, par des raisons ausquelles on ne trouvera jamais de réponse pertinente.

Reponse à la cinquieme deffense du P. Girard, fondée sur ce qu'il n'y a point eu de collusion entre lui & la Demoiselle Cadiere.

L'Accusé s'est repandu ici en mille mauvais raisonnemens pour persuader 1°. que tous les faits extraordinaires qui étoient arrivés à cette Fille étoient un effet de fourberie ; qu'il n'y a voit eu aucune part, & qu'il n'y étoit entré qu'à titre de dupe : en second lieu il a voulu repandre un soupçon sur les accidents de la nuit du 16. au 17. Novembre 1730.

Pour montrer l'imposture de tout cela, il suffit de rapeller ici 1°. Que tous ces faits extraordinaires sont vrais & réels, & qu'il faudroit s'aveugler volontairement pour former là-dessus le moindre doute comme nous l'avons invinciblement établi par nos precedens Mémoires au chapitre de l'Enchantement, & sur tout par nôtre Precis, où nous en avons raporté toutes les preuves.

2°. Que tous ces faits extraordinaires procedoient de l'Obsession ou du Quietisme, ainsi que nous l'avons prouvé aux mêmes endroits.

3°. Que c'est le P. Girard qui a jetté la Demoiselle Cadiere dans l'Obsession comme nous l'avons justifié par nôtre Precis pag. 7. & dans le Quietisme, ainsi que nous l'avons fait voir dans le même chapitre de nôtre Précis.

4°. Que c'est à la faveur des pernicieuses maximes du Quietisme qu'il a séduit cette pauvre Fille , & lui a persuadé que toutes les infamies de l'amour charnel étoient des operations de l'amour Divin , comme nous l'avons établi par nôtre Precis au chapitre de l'Inceste Spirituel pag. 13.

De tout cela il s'ensuit évidemment que le P. Girard est le seul coupable , & qu'on ne peut imputer à cette Penitente infortunée que le malheur d'avoir été l'innocente victime du libertinage affreux de cet impie Directeur , & de l'être encore aujourd'hui de la vexation de cette odieuse Societé qui protege ouvertement le crime & l'impieté , & qui emploit les voyes les plus iniques pour perdre l'Innocence & relancer sur elle la peine du Coupable.

Reponse à la sixieme deffense du Pere Girard, fondée sur ce qu'il n'a rien oublié pour tenir dans le plus grand secret ce qu'il y avoit d'extraordinaire, ou ce qu'il croyoit tel dans la Cadiere.

L'Accusé pour persuader qu'il avoit tenu caché les merveilles qui se passoient en la personne de la Demoiselle Cadiere , a dit 1°. Que celle-ci dans ses Réponses lors de l'Accedit dit que son Frere fit voir ce Careme à Mr. l'Evêque , ce que le P. Girard ayant sçû , il en fut au desespoir , ne lui ayant jamais rien tant recommandé que de ne rien dire ni de donner rien à personne de ses Mémoires pas même à Mr. l'Evêque.

Si l'Accuse ne vouloit pas que la Demois. Cadiere communiquât le Mémoire du Careme à personne ; s'il fut faché de ce que Mr. l'Evêque avoit forcé le P. Cadiere à le lui montrer , ce n'étoit pas pour cacher la pretenduë sainteté de sa Penitente , & les faits extraordinaires qui se passoient en elle ; puisque , comme nous ferons voir dans un moment , il les publioit hautement , & les faisoit publier par ses autres penitentes, mais par deux autres raisons.

La premiere est , parce que ce Memoire du Caréme , contenoit des choses qu'il avoit grand interêt de cacher du moins alors , parce qu'elles auroient aisement indiqué le mistere d'iniquité qui y étoit envelopé. En effet , si l'on avoit vû ces Unions intimes entre ce Directeur & sa jeune Penitente ; cette Vision dans laquelle leurs noms avoient été unis & écrits dans le Livre de Vie tenu par Saint Jean & scelé de sept Seaux , & ces autres Visions pleines d'impieté & de blaspheme dans lesquelles la Cadiere étoit unie aux Personnes de la Sainte Trinité , & étoit devenuë Co-Redemptrice du Genre Humain , on auroit reconnu que ce Directeur ne pouvoit aprouver de pareilles choses dans sa Penitente , que parce qu'il abusoit d'elle , & pour lui persuader que le commerce charnel qu'il avoit avec elle , si designé par ces unions , étoit licite & même agréable aux yeux de Dieu ; car à quel autre motif pourroit-on attribuer une aprobation si impie , & si scandaleuse ?

La seconde raison se tire de ce que l'Accusé étoit bien aise d'être saisi de toutes ces pieces , qu'il ramassoit avec tant de soin , qui renfermoient la preuve de la sainteté de ses Penitentes pour les faire servir un jour à leur Canonisation : c'est pour cela qu'il avoit fait faire un pareil Careme à la Sœur de Remusat qu'il conserve avec tant de soin , aussi bien qu'un grand nombre de Lettres qu'elle lui avoit écrites , & qui font un secret dans lequel Mr. l'Evêque de Marseille n'a jamais penêtré , & un Memoire à la Dame de Lescot.

En second lieu , il abuse de ces termes de sa Lettre du 22. Juillet : *Le Grand-Vicaire & le P. de Sabatier iront aparemment lundy vous voir, ce dernier après lui avoir parlé m'a fait entendre qu'il ne vous demanderoit rien, mais si par hazard l'un ou l'autre s'avisoient de le faire, même au nom de l'Evêque, ou souhaitoient de voir quelque chose, vous n'avez qu'à dire qu'il vous est étroitement deffendu de parler & d'agir ;* quand il veut conclurre de là qu'il cachoit autant qu'il pouvoit les merveilles de sa penitente.

Cet endroit de la Lettre du P. Girard du 22. Juillet prouve bien tout au plus qu'il ne vouloit pas que le Grand-Vicaire ni le P. de Sabatier eussent la liberté de voir les Stigmates de sa penitente ; la liberté de tout voir , étoit pour lui un privilege exclusif ; il ne vouloit pas même qu'ils pussent guere sonder le fonds de ce mistere , il avoit soin de tenir tout le monde dans une certaine distance à ne pouvoir être que les admirateurs soumis des prodiges de sa Devote, & non pas les scrutateurs. C'est pour cela qu'il avoit fait promettre à son Confrere, à ce qu'il dit dans cette Lettre, qu'il ne lui demanderoit rien ; il vouloit qu'on ne vît ces merveilles que par son canal, & dans le point de vûë qu'il trouvoit bon de les presenter. Voilà le vrai & le seul sens de cette Lettre.

3°. Il veut tirer une pareille induction de ces paroles de la Lettre du 22. Août : *Je vous deffends de parler à qui que ce soit au monde ni de son interieur propre, ni de vôtre propre interieur quelque mouvemens qu'il vous semble en avoir ; n'écrivez à qui que ce soit à Toulon, à moins que ce ne soit pour des choses indiferentes . . . . Nôtre Seigneur veut que vous en usiés maintenaut de la sorte, & il est indispensable de le faire même à l'egard de vos proches.*

Cette induction est non seulement fausse, mais pleine de mauvaise foi de la part de l'Accusé. Mr. l'Evêque de Toulon avoit ordonné à la Demoiselle Cadiere de quitter absolument la direction du P. Girard, celui-ci crut qn'il n'y avoit pas de moyen plus efficace pour détourner ce Prélat de l'execution de ce dessein, que de lui persuader que depuis qu'il l'avoit formé tous les prodiges qui s'operoient en la personne de sa Devote avoient cessé ; que ses Stigmates s'étoient fermés ; qu'elle n'avoit plus la connoissance des consciences ; qu'il n'y avoit plus rien d'extraordinaire en elle, & que c'étoit-là une preuve que toutes ces graces étoient attachées à sa direction, & que Dieu n'aprouvoit pas ce changement de Directeur. C'est pour cela qu'il écrivit cette Lettre à la Demoiselle Cadiere, par laquelle il lui marqua qu'au cas que Mr. l'Evêque fût la voir, elle ne lui parlât qu'en general ; que s'il lui parloit de ses plaïes, elle lui dit qu'elles étoient fermées quoi qu'elles ne le fussent pas, & de ne lui rien faire voir de peur qu'il ne se convainquît du contraire ; de ne lui répondre que brièvement & confusément, & qu'il lui deffendît aux termes les plus forts de parler de son interieur, ni de celui d'aucune autre personne, de ne rien écrire à Toulon qui pût prouver qu'elle continuoit d'être dans les mêmes états, de ne pas se manifester même à ses proches parents de peur que cela n'allât jusques à la connoissance du Prélat ; qu'il lui laissa la liberté d'écrire par tout ailleurs comme auparavant. Voici les termes de cette Lettre qu'on a si fort tronquée, & que nous croyons devoir rapeller ici pour en tirer des inductionr plus certaines.

En cas que Mgr. vous voit ces jours icy, dites-lui sur son conte tout ce que le bon Dieu vous mettra au cœur ; ne lui parlez de vous que fort en general : s'il parle de vos plaïes, dites-lui qu'elles sont fermées depuis que le Pere de Sabatier fut chez vous, & ne lui faites rien voir : s'il fait des questions sur quelque point en particulier, car il est fort instruit, repondez brievement, & le plus confusement que vous pourrez. Tenez-vous en-là avec beaucoup de modestie d'une part, & d'attention sur ce que vous direz de l'autre. Dans la conjonĉture presente je me crois obligé pour la plus grande gloire de Dieu, & pour vôtre tranquilité de vous deffendre pour un tems par toute l'authorité que Notre Seigneur m'a donné sur vous, & dans les plus forts termes que puisse employer un Confesseur, un Direĉteur, un Ami, un Pere ; je vous deffends, dis-je, 1°. De parler à qui que ce soit au monde de son interieur, ni de votre propre interieur quelque mouvement qu'il vous semble en avoir, ce point ne regarde ni Monseigneur que j'ai excepté plus haut, (C'est ici une fausse exception qu'il a ajoûtée en refaisant sa Lettre, aussi bien que quelques autres termes, puisque toute la teneur de cette Lettre prouve que cette precaution n'étoit prise que pour cacher à ce Prelat la continuation des états de cette Fille) *ni Mademoiselle Guiol ; à l'egbrd de vos Religieuses, & de toute autre personne qui iroit vous voir, parlez de Dieu, mais gardez absolument un profond silence, soit sur leurs dispositions que vous pourriez connoitre, soit sur les votres même. 2°. N'écrivez à qui que ce soit à Toulon à moins que ce ne soit pour des choses indiferentes ; vous pouvez écrire ailleurs suivant le mouvement de la grace. Observez ces deux points, ma chere Enfant, avec une exaĉtitude inviolable jusques à nouvel ordre, nôtre Seigneur veut que vous en usiez maintenant de la sorte, & il est indispensable de le faire même à l'egard de vos proches.*

Cette Lettre prouve donc évidemment 1°. Que s'il avoit fait alors cette deffense à la Demoif. Cadiere de manifefter, & fur tout à Mr. l'Evêque, la continuation de fes états, & de fes prodiges, ce n'étoit que pour le diffuader de la tirer de fa Direction.

2°. Qu'auparavant il ne lui avoit pas deffendu de manifefter fes états & fes prodiges, puifque ce n'eft que par cette Lettre qu'il lui fit cette deffenfe, & qu'il prit cette précaution ; qu'il ne la lui fit que jufques à nouvel ordre. *Obfervés ces deux points, ma chere enfant, avec une exactitude inviolable jufques à nouvel ordre, Nôtre-Seigneur veut que vous en ufiés maintenant de la forte.* Ces termes prouvent d'une maniere fans replique que la deffense qu'il lui faifoit alors étoit contraire à la conduite qu'il avoit tenüe auparavant, & que ce ne fut qu'alors & par le motif que nous venons d'expliquer qu'il vouloit cacher ces prodiges.

Cette Lettre prouve encore la verité des Stigmates ; que la Demoifelle Cadiere fçavoit l'interieur des confciences, comme nous l'avons fi bien établi à la page 6. de nôtre Precis ; qu'il aprouvoit lui-même tout cela, & qu'il étoit la caufe qu'on la confultoit de toute part. Voila les pretextes employés par l'Accufé pour perfuader qu'il tenoit caché autant qu'il pouvoit les prodiges de fa Devote, abfolument detruits ; rapellons maintenant les preuves que nous avons, qu'il les publioit.

La premiere fe tire de ce qu'il avoit foin d'avertir toutes fes Penitentes, & fur tout les Stigmatifées, des transfigurations que la Cadiere devoit avoir, afin qu'elles y affiftaffent, (en effet elles en ont toujours été les temoins, comme il eft prouvé par la procedure) & qu'elles ne manquaffent pas de les publier, & qu'il y menoit même le P. Grignet fon Confrere pour en être l'admirateur afin qu'il en pût inftruire Mr. l'Evêque dont il eft le Secretaire : & il étoit fi ravi que cet état de gloire, dont prefque tous les rayons rejailliffoient fur lui, fe repandît, qu'il étoit charmé de voir alors toute la maifon de la Cadiere pleine du monde ; il avoüe fur le 87. Inter. que le jour de la transfiguration du 8. May il y avoit non feulement la Guiol, la Batarele, & la Reboul, mais encore plufieurs autres perfonnes qui avoient contemplé fa Devote dans cet état depuis le matin, & que tout ce monde étant forti, il le fit revenir pour attendre avec lui qu'elle revînt de fon accident. Eft-ce là la conduite d'un Directeur qui vouloit cacher les merveilles de fa Penitente ? Cette vertu feroit-elle pratiquable à un Jefuite ?

La feconde preuve fe tire des Lettres qu'il avoit écrites à l'Abbeffe, par lefquelles il lui donnoit la Cadiere pour une fainte. En vain il dit que par fes Lettres il ne lui faifoit pas mention ni d'Extafes, ni de Raviffements, ni de Stigmates ; car ne lui parloit-il pas de quelque chofe de plus fort lorfqu'il lui difoit, *Que ce n'étoit pas une ame commune ; que Nôtre-Seigneur avoit une predilection finguliere pour elle ; que Dieu ne pouvoit guere accorder à fon Monaftere de plus grandes graces qu'en lui accordant & lui envoyant un tel fujet comme elle le reconnoitroit en peu de rems.* Lorfqu'il la follicitoit à la faire Communier tous les jours, *& qu'elle connoitroit bien-tôt que Dieu le vouloit, & qu'il ne la trouvoit pas tout à fait indigne de cette grace finguliere.* N'étoit-ce pas là la donner à l'Abbeffe pour une fainte.

La troifieme eft fondée fur ce qu'il eft prouvé par le Recolement de la Dame de Lefcot & de la Dame de Beauffier la cadete 20. & 21. Tem., & par la depofition & recolement de la Dame de Reimbaud 22. que le jour de la transfiguration du 7. Juillet, il dit aux Religieufes de garder avec foin l'eau mêlée de fang dont on avoit lavé le vifage de la Cadiere, parce qu'elle faifoit des effets merveilleux, & qu'elle avoit deja fait des miracles à Toulon ; & que pour donner une preuve non équivoque de fa fainteté & de celle de fa Penitente, il ajoûta que fon bon Ange l'avoit averti des prodiges qui s'operoient en la perfonne de fa Devote, & qu'il l'avoit Communiée lui-même miraculeufement & par transport ; & qu'en entrant dans la chambre de la Cadiere il lui dit, *Petite gourmande viendrez vous toûjours prendre la moitié de la portion de votre Pere ?* comme il eft prouvé par la depofition de la Dame de Guerin 26. temoin, & par la confrontation des Dames de Lefcot & de Reimbaud 20. & 22.

Enfin il avoit fi bien publié la pretenduë fainteté de fa Devote, & les prodiges qui s'operoient en elle, qu'il refufoit l'abfolution à fes penitentes qui ne vouloient pas les croire, ce qui eft prouvé par la depofition de Mariane Calas 94. temoin. Toutes ces preuves

ont

ont été établies dans nos precedents Mémoires, & font reftées fans réponfe. Ne faut-il pas après cela joindre l'impudence à l'impofture pour nous venir dire ici de fang froid qu'il n'avoit rien oublié pour tenir dans le plus grand fecret ce qu'il voyoit d'extraordinaire, ou qu'il croyoit tel dans la Cadiere, & pour en faire un chapitre particulier.

Reponfe à la feptiéme deffenfe du P. Girard, fondée fur ce qu'il n'a point empeché la Demoifelle Cadiere de confulter des perfonnes éclairées fur fon état, qu'il lui a confeillé de le faire, & qu'il l'a fait lui-même.

Le Querellé dit que s'il avoit été en commerce avec fa Penitente, il auroit pris des précautions tant pour l'empecher de fortir de fa Direction, que de confulter d'autres perfonnes, & que cependant il l'avoit quittée d'un air tranquille, & l'avoit portée à confulter d'autres Directeurs, & pour perfuader qu'il lui avoit confeillé effectivement, ou du moins qu'il lui en avoit laiffé la liberté, il raporte 1°. ces termes de la Lettre du 19. May; *Pour ce qui regarde le Reverend Pere Boutier je me trouve difpofée à lui aller parler jufques à un certain point de peur de me livrer à de plus grandes peines dans la volonté où je fuis de me declarer à lui felon le bon plaifir de Dieu.*

Quel aveuglement eft celui des Jefuites de raporter les termes de cette Lettre qui font fi meurtriers à leur Confrere, & qui prouvent qu'en permettant à la Domoifelle Cadiere de venir confulter le Pere Boutier Jefuite en cette Ville d'Aix, il lui avoit deffendu de s'ouvrir à lui au-delà d'un certain point, craignant que celui-cy ne decouvrît ce miftere d'iniquité, & pour mieux s'affurer du fuccés de cette deffenfe, non feulement il avoit écrit une Lettre au P. Boutier pour fixer le fujet de fon examen, mais encore il avoit fait efcorter la Querelante par la Guiol & la Reboul deux de fes Penitentes Stigmatifées, & dont la premiere eft fa Confidente, afin de la garder pour ainfi dire à vûë d'œil; cette Lettre fournit donc une induction toute opofée à celle qu'on a voulu tirer.

2°. Il opofe ces termes de la Lettre du 23. Août. *Je cherchais aprés le fermon du Samedy vôtre Tourriere à deffein de la prier de vous avertir de vous reconcilier pour le lendemain, je ne la pûs trouver, mais je ne doute pas que vous ne vous foyiez confeffée avant que de communier.* Et de là il conclud qu'il lui laiffoit la liberté de fe confeffer au Confeffeur du Monaftere, & pour prouver enfuite qu'il étoit un Directeur fevere, il affecte de tranfcrire une grande partie du refte de la même Lettre.

Les Jefuites dans ce procés n'ont jamais tiré leurs deffenfes que de la mauvaife foy & de la fupercherie. 1°. N'avons-nous pas prouvé d'une maniere fans replique à la page 14. & 15. de nôtre Precis, que cette Lettre comme les autres que l'Accufé avoit reprifes avec tant d'empreffement par le miniftere de la Gravier, & dont il n'en produit que 16. d'un fi grand nombre qu'il a retirées, ont été refaites; n'eft-il pas bien ridicule de vouloir aujourd'hui tirer avantage des pieces qu'il a fabriquées à fa fantaific pendant procés, qui font fi differentes de celles qu'il n'a pas refaites, & ce qui en eft une nouvelle preuve, c'eft qu'il y témoigne une peine qu'elle n'eût Communié fans s'être confeffée, tandis qu'il eft prouvé par la procedure qu'il avoit ordonné la Communion journaliere à fes penitentes fans confeffion prealable.

2°. Quand il faudroit fupofer pour un moment qu'il lui eût permis de fe confeffer quelque fois au Confeffeur de la Communauté Sainte Claire, n'avoit-il pas pris la précaution de lui envoyer une Formule de Confeffion avec deffenfe de ne rien dire de plus, au cas qu'elle fe confeffa à d'autres Confeffeurs qu'à lui, comme il eft prouvé par la depofition de la Demoifelle Victoire Aubert 30. temoin, & par la confrontation de la Dame de Lefcot 20me. qui difent d'avoir vû & lû cette Formule.

Au refte ce que l'Accufé apelle dans cette Lettre une refiftance à l'operation Divine, n'eft que celle que fa Penitente avoit pour la difcipline qu'il lui vouloit donner par un rafinement de volupté , & aux autres libertés qu'il vouloit toûjours prendre avec elle , comme il paroît par plusieurs autres Lettres.

L'Accusé veut tirer sa troisieme prétenduë preuve de la Lettre même du 15. Août, où il lui dit : *Je consens donc sans peine , mon cher enfant , que vous consultiez ou l'Evêque, par exemple , dont vous m'avez parlé , ou s'il est trop loin quelqu'autre Directeur , il n'en manque pas ici ou autour d'ici pourveu que ce soient des hommes de Dieu , qui cherchent la volonté de Dieu , qui connoissent les desseins de Dieu sur vous , j'en passerai sans difficulté , & sans envie sur tout ce qu'ils vous conseilleront , pourveu que vous ne les interrogiez pas dans la pure intention de fuir la croix.* Il s'agissoit , dit-t'il , principalement d'examiner si elle devoit rester au Couvent , & il ajoûte que la Demoiselle Cadiere par sa réponse du 17. du même mois lui dit , *Quant à moy , mon cher Pere , je ne veux que ce que vous voulez , & je n'ay besoin de consulter d'autres Directeurs sur ce fait ;* & de là il conclud qu'il lui a toujours laissé la liberté de consulter d'autres personnes , & qu'il lui a même inspiré de le faire.

La reponse à une pareille objection n'est pas bien difficile. 1°. Ce n'est pas par cette Lettre du 15. Août qu'il lui avoit dit qu'elle pouvoit consulter d'autres personnes , & cependant elle étoit dans cet état de Visions & de Revelations depuis plus d'un an , & dans d'Obsession depuis huit à neuf mois.

2°. Il ne lui donnoit pas la liberté de consulter sur ses états ni sur ces faits extraordinaires , mais seulement sur sa sortie du Couvent , comme il en convient lui-même , & encore c'étoit avec des modifications par lesquelles il se conservoit la liberté de rendre inutile l'avis d'un autre consultant qui auroit été oposé au sien ; il disoit , *Pourveu que ce soient des hommes de Dieu qui cherchent la volonté de Dieu , qui connoissent les desseins de Dieu sur vous , pourveu que vous ne les interrogiez pas dans la pure intention de fuir la croix.* De sorte que si elle avoit consulté là-dessus une autre personne , & qu'elle eût été d'un sentiment different , ce Jesuite n'auroit pas manqué de dire , ce n'est pas là un homme de Dieu , qui cherche la volonté de Dieu , qui connoisse les desseins de Dieu sur vous , ou bien , vous ne l'avés interrogé que dans la pure intention de fuir la croix ; & avec cette précaution un Jesuite manquoit-t'il d'une ressource certaine pour rendre cette consultation inutile. Au surplus , cet Evêque dont il est parlé dans cette Lettre , n'étoit pas Mr. de Toulon , comme ces paroles de la Lettre , *ou l'Evêque , par exemple , dont vous m'avez parlé , ou s'il est trop loin , quelqu'autre Directeur ,* le montrent assés ; soit parce que s'il avoit parlé de Mr. l'Evêque de Toulon , il ne le lui auroit pas designé par ces termes , l'Evêque dont vous m'avez parlé ; ni il n'auroit pas pû dire , & s'il est trop loin , puisque d'Ollioules à Toulon il n'y a qu'une lieuë. Mais c'est-là un pretendu Evêque d'Italie au sujet duquel l'Accusé avoit fait écrire des Lettres par la Sœur Piscatoris de Marseille dirigee par les Jesuites , par lesquelles elle marquoit à la Demoiselle Cadiere que si elle avoit besoin de quelque conseil au-dela du P. Girard , elle n'avoit qu'à jetter les yeux sur un Evêque d'Italie sçavant qui étoit dans les mêmes états , & sans lui en donner l'adresse , elle lui ajoûtoit qu'elle n'avoit qu'à lui envoyer les Lettres elle-même , & qu'elle les fairoit tenir à cet Evêque. Aparemment que ce n'étoit-là qu'un manege que ce Jesuite faisoit sous main afin que si cette pauvre Fille vouloit consulter ce pretendu Evêque , le P. Girard pût lui-même donner l'avis sous le nom de ce pretendu Prelat d'Italie. Voilà la personne qu'il lui indiquoit de consulter , & tous les differents traits de supercherie dont il a usé pour tromper cette infortunée Penitente.

Enfin dans le tems que l'Accusé disoit par cette Lettre du 15. Août à la Demois. Cadiere qu'elle pouvoit consulter ou cet Evêque , ou quelqu'autre Directeur , il prit la précaution de lui mettre auprès sa confidente Guiol pour l'en detourner , & pour lui persuader que ce seroit faire un tort insigne au P. Girard qui étoit un Directeur si éclairé que d'aller chercher les lumieres d'un autre Directeur , que ce seroit même une conduite très-desagreable , & qu'elle devoit faire aveuglement tout ce que l'Accusé lui ordonneroit. Voilà pourquoi cette pauvre Fille par sa Lettre du lendemain 17. lui marqua : *Quant à moy , mon cher Pere , je ne veux que ce que vous voulez , & je n'ay besoin de consulter d'autre Directeur pour m'éclaircir sur ce fait.*

4°. Le Querelé dit qu'il avoit consulté lui-même, & pris souvent l'avis de gens habiles, & très-sçavants. Mais ce n'est-là qu'une imposture evidente. 1°. D'où vient qu'il n'a rien dit de pareil dans tout le procès jusques aujourd'hui, ni dans ses Reponses, ni dans son premier Mémoire, & que ce n'est qu'après que par les nôtres nous lui avons reproché de ne l'avoir pas fait s'il avoit quelque doute. On voit bien que ce n'est-là qu'un mensonge, qui doit sa naissance au desespoir de sa cause.

2°. Il a bien été en peine de nommer, qui sont ces habiles gens, & ces gens sçavants qu'il veut avoir consulté. Un Jesuite aussi éclairé que lui auroit-il voulu faire ce tort à ses lumieres ?

3°. Pour consulter d'autres gens, il auroit falu qu'il eût douté sur les états de la Demoif. Cadiere. Or il est certain qu'il n'avoit aucun doute là dessus, soit parce qu'il n'ignoroit pas que ces états & tous ces faits extraordinaires procedoient de l'Obsession, ou du Quietisme, dans lequel il avoit jetté la Demoif. Cadiere, & sept à huit autres de ses Penitentes ; soit encore plus, parce que s'il avoit douté, il ne l'auroit pas fait Communier tous les jours ; il n'auroit pas publié sa Sainteté, & ses Prodiges ; il ne l'auroit pas donnée pour une sainte à l'Abbesse ; il n'auroit pas dit de conserver l'eau dont on lui avoit lavé le visage le jour de la transfiguration du 7. Juillet, parce qu'elle sairoit ensuite des miracles, & que la Demoif. Cadiere en avoit deja fait à Toulon.

Il n'auroit pas refusé l'absolution aux personnes, qui n'ajoûtoient pas foy à ses prodiges. N'est-il pas ridicule de pretendre qu'il eût consulté pour sçavoir quel pouvoit être l'état extraordinaire de sa pénitente, tandis qu'il l'avoit deja declarée Sainte si affirmativement ?

Enfin rien ne marque mieux la sterilité des raisons de l'Accusé, que de lui voir soutenir, que la Querelante avoit consulté le P. Grignet Jesuite ancien Professeur de Theologie depuis dix ans, qui avoit aprouvé son état, comme il paroit, nous dit-il, par la Lettre de ce Jesuite ; puisque cette Lettre produite au procez prouve précisement que ce n'étoit pas la Demoiselle Cadiere qui avoit consulté le P. Grignet, mais bien le P. Grignet qui l'avoit consultée elle, parce qu'il en avoit été l'admirateur lors de ses Extases, & qu'elle lui avoit donné des avis sur l'interieur de sa conscience, comme sa lettre le prouve. Cela fait voir que l'Accusé joüoit non seulement sa Penitente, la Famille de celle-ci, tout le Public, Mr. l'Evêque, mais encore son Confrere.

Réponse à la huitiéme deffense du P. Girard, fondée sur ce qu'il n'avoit aucune complaisance pour la Demois. Cadiere, & qu'il la reprenoit severement de la moindre faute.

Le Querellé pour persuader qu'il avoit été un Directeur fort severe envers la Demoif. Cadiere, raporte quelques fragmens des Lettres, & principalement des siennes qu'il a refaites : il suffit de les parcourir pour montrer la fausseté des inductions qu'il en tire.

1°. Tous les termes qu'il raporte de la Lettre du 15. Juin, & sur tout ceux par lesquels il veut avoir conseillé à sa Penitente de coucher sur la paillasse, & de porter la tunique, ont été ajoûtez dans la refection, qu'il a faite de cette Lettre, & ce qui ne permet pas d'en douter, c'est qu'on ne trouvera pas qu'il soit parlé de paillasse, ni de tunique dans la réponse que la Demoif. Cadiere fit à cette Lettre, ni dans aucune autre.

2°. Bien loin que le petit fragment qu'il raporte de sa Lettre du 4. Juillet, prouve sa severité envers sa pénitente, au contraire ce fragment, & encore plus toute la teneur de cette Lettre, prouvent le Quietisme, comme nous l'avons fait voir dans ce chapitre de nôtre Précis ; & si Saint Paul avoit crû que les Jesuites abusassent jusques à ce point des paroles qu'ils citent ici, elles ne seroient jamais sorties de sa bouche : il est assez notoire que les Jesuites ne sont pas les Sectateurs de ce grand Apôtre.

3°. L'Accusé nous opose ces termes de sa Lettre du 22. Juillet : *Je rends mille graces à Nôtre Seigneur de la continuation de ses miséricordes : pour y reponde, ma chere Fille, oubliez-vous, & laissez faire : ces deux mots renferment la plus sublime disposition. Que nos adversaires rougissent d'avoir pretendu contre l'évidence des termes donner un sens si impie à ces paroles* (disent les Auteurs du second Mémoire de l'Accusé.)

Mais ne pouvons-nous pas retorquer aux Jesuites ces mêmes termes, & leur dire qu'ils rougissent, s'ils en sont capables, de soutenir, & de loüer leur Confrere d'avoir aprouvé par-là une Vision impie, que la Cadiere lui avoit racontée par sa Lettre du même jour, dans laquelle elle lui disoit d'avoir été associée aux trois Personnes de la Sainte Trinité, pour être la Co-Redemptrice du Monde ; d'avoir apellé cela la continuation des miséricordes du Seigneur, de lui avoir persuadé de se livrer à des Visions si scandaleuses, en les lui donnant comme la plus sublime disposition, ainsi que nous l'avons montré dans nôtre Réponse à la quatriéme deffense du Pere Girard. Si par cette même Lettre il recommandoit à la Demoiselle Cadiere d'essayer de faire maigre les Vendredi & les Samedi, ce n'étoit pas par un motif de rigueur pour elle, puisqu'il lui avoit deja permis de faire gras, comme cette Lettre le prouve ; mais c'étoit par l'envie qu'il avoit de vaincre l'impuissance où elle étoit de faire maigre, dans la seule vûë de la forcer à se faire Religieuse. Au surplus n'est-il pas bien singulier de nous venir opoler comme un titre de severité cette Lettre du 22. Juillet, qui est pleine de galanterie, & de tendresse ? Dans quelle misere de raisons ne faut-il pas être pour employer une pareille piece de leur part ?

4°. Tout ce qu'il raporte de sa Lettre du 26. Juillet, n'est qu'un prône qu'il a composé à plaisir, & après coup, qu'il y a glissé lorsqu'il l'a refaite : La réponse de la Demoiselle Cadiere à cette Lettre est bien éloignée de fournir une preuve, que tout cela fût dans celle que le P. Girard lui avoit écrite ; on n'a qu'à les comparer pour en être convaincu.

5°. Tout ce qu'on opose ici des Lettres des 29. Juillet 15. 18. 22. 26. Août, où l'on voit qu'il grondoit, & s'emportoit même contre la Demoil. Cadiere, ne devoit pas être donné ici pour des exemples de sa severité envers elle, puisque tout cela n'avoit pour motif de la part de ce Directeur, que la passion desordonnée, qu'il avoit d'avoir le Mémoire des merveilles de sa penitente, pour s'en servir à amuser le Public & à Canoniser un jour sa Maitresse. Le retardement de la part de celle-ci à lui faire, & à lui remetre ce Mémoire ne venoit de sa part, que d'un principe de modestie, & de la peine qu'elle avoit de se resoudre à mettre au jour elle-même sa vie : *Je suis au desespoir, mon cher Pere, de ne vous avoir pas plutôt accordé les papiers, que vous me demandez. Je reconnois qu'il y a de ma faute, qui est d'autant plus grande à mon égard, qu'elle est cause de toutes les peines que vous souffrez. Mais si ma soumission peut contribuer à les adoucir, je suis toute prete à faire le sacrifice, que vous exigez de moy pour vous montrer que rien ne m'est plus à cœur, que vôtre conservation . . . . Le seul motif qui m'en a éloigné, & qui m'a porté à me tenir jusques aujourd'hui dans les bornes de modestie, & de reserve que je croyois me convenir avec justice, ç'a été l'horreur & la peine que je reßentois interieurement de produire moy-même, & de mettre au jour ma vie. Au reste puisque c'est l'esprit de Dieu qui vous inspire à me le demander, je m'y soumets de tout mon cœur, & vos reproches n'auront plus lieu à mon égard sur ce sujet.* Ce sont les termes de la Lettre de la Demoil. Cadiere du 17. Août, qui prouvent combien il abusoit de la credulité de cette pauvre Fille ; on laisse à penser si ces Lettres qu'il opose ici sont bien propres à prouver une severité de sa part capable d'exclurre tout soupçon d'amour.

Enfin il étoit si peu severe envers ses Penitentes, & sur tout envers la Demoiselle Cadiere, qui étoit sa principale Favorite, qu'il les avoit dispensées du precepte de la priere, leur permettoit toute sorte de parties de plaisir, même à la campagne, & leur fournissoit le Clerc des Jesuites pour Cuisinier, comme il l'a avoüé sur le 143. Inter., jusques-là, que dans ces parties de plaisir elles faisoient des tapages, & beuvoient à la santé des *Jesuitons*. Ces faits sont prouvés entre-autres par la deposition de Messire Giraud 2ᵈ. tem., par celle de la Demoiselle Jullien 12., & par celle de la Demoil. Joinville 100. : Et l'impie aprobation qu'il donnoit aux Visions sacrileges, & scandaleuses daleufes de la Demoifelle Cadiere, n'eft-elle pas une belle preuve qu'il facrifioit la Religion à fon infame paffion.

Reponfe à la neuvieme defenfe du P. Girard fondée fur ce qu'il avoit mis la Demoifelle Cadiere dans le Couvent Sainte Claire d'Ollioules, & qu'il s'étoit opofé à fa fortie.

L'Accufé dit que s'il avoit été en commerce avec fa penitente, ou qu'il l'eût aimée, il ne l'auroit pas mife dans un Couvent hors de Toulon, & ne fe feroit pas privé de la commodité, qu'il avoit de la voir dans fa maifon, & que quand elle voulut fortir du Couvent, il ne s'y feroit pas opofé fi ouvertement, jufques à exiger des miracles pour ne pas irriter une Fille, qui pouvoit le perdre avec un feul mot; & là-deffus, il s'eft repandu en vains raifonemens, & a repeté la promeffe des miracles qu'elle lui avoit faite, dont nous ne parlerons plus ici, parce que nous l'avons deja difcutée dans la réponfe à fa premiere deffenfe dans la premiere Partie.

Mais il ne faut précifement que ces deux raifons pour prouver fon commerce avec fa penitente. Car en premier lieu, s'il l'avoit mife dans le Couvent Sainte Claire d'Ollioules, c'eft parce qu'il craignoit que fon affiduité continuelle dans la maifon de la Cadiere où il s'enfermoit journellement trois ou quatre heures par jour dans fa chambre n'éclatât bien-tôt dans une grande Ville, comme celle-là, ou que fa mere n'ouvrît les yeux fur fes vifites frequentes à porte fermée, ou fur les incommodités de fa Fille, ou que quelque Medecin qu'elle pourroit faire venir à l'infçû de l'Accufé, ne les lui ouvrit : car il fe pouvoit que celui-ci doutât que fa Devote ne fe fût pas effective-ment bleffée dabord après Pâques, ou qu'elle fût devenuë groffe par la continuation de fes affiduités. C'eft pour cela que la premiere fois qu'il vit l'Abbeffe & la Maitreffe des Novices, il leur demanda cavalierement, fi elle n'avoit point de perte de fang. Voilà le motif, qui le determina à la mettre au Couvent Sainte Claire d'Ollioules, qui n'étant éloigné que d'une petite lieüe de Toulon, il pouvoit l'aller voir fans éclat cómodement, & avec toute liberté toutes les fois qu'il vouloit. Bien loin que cette conduite ait rien d'opofé à celle d'un Amant, elle lui eft abfolument conforme. Loüis Gaufridy qui avoit féduit Magdeleine de la Palud fa penitente, dont il a fi bien imité l'exemple, & fur lequel il a même rencheri, n'avoit-il pas tiré cette Demoifelle de la maifon de fon Pere, qui étoit à Marfeille pour la mettre au Couvent Sainte Claire de la Ville d'Aix, où il venoit la voir. Cet exemple que nous lui avions opofé dans nôtre fecond Mémoire, auroit bien merité une réponfe, fi on avoit pû y en faire quelqu'une. C'eft pour cela que quoique par une malheureufe fafcination, il eût perfuadé à cette Fille, que Dieu l'apel-loit à ce Couvent, comme il le lui a fait dire dans fon Carême, il eft pourtant réélement vray que c'étoit lui-même qui le lui avoit perfuadé, & qu'il l'y avoit forcée, comme il eft prouvé par plufieurs de fes Lettres, & fur tout par celle du 7. Juin. où il dit : *Je vends mille graces à nôtre Seigneur de vous avoir fortifiée dans la route contre l'attaque de l'ennemi, & d'avoir calmé la tempête, qu'il avoit élevée*, qui n'étoit que la re-pugnance qu'elle avoit à aller au Couvent; par fa Lettre du 9. où il lui dit, *Je fçay que tous les commencemens font difficiles, vous fçavez auffi qu'il ne faut pas s'effrayer dabord de ce qui paroit étrange dans un changement de condition, ni des murmures de la nature, ni des tentations de l'ennemi, la grace de Jefus-Chrift avec le fecours que vous avés dans le Monaftere, & les faints exemples qui feront toujours devant vos yeux vous animeront à tout faire & à tout fouffrir pour bien remplir vôtre carriere.* Par celle du 22. du même mois, où repondant à la Lettre qu'elle lui avoit écrite le même jour pour lui per-fuader de la laiffer fortir du Couvent au moins pour quelques jours pour fe retablir, en lui faifant front d'un refus; il ajoûte, *Je craindrois d'ailleurs que le retour au Monaftere ne vous jetta dans les mêmes violences, & dans les mêmes peines, que vous avez eû à effuyer la premiere fois de la part des ennemis de vôtre falut :* Et enfin par celle du 26. Juillet fuivant, où il lui dit que c'eft lui qui l'a conduite au Couvent. On peut bien juger que quand il a mis cette Fille malgré elle dans ce Monaftere, ce n'a été que par quelque motif particulier, & pour un intereft de cœur.

K

Ces mêmes Lettres, & encore plusieurs autres, prouvent qu'il ne vouloit point absolument qu'elle sortît de ce Monastere, quoique par un espece de prodige si bien prouvé par la Procedure, & même par les Lettres produites au procès, elle ne pût pas observer un des principaux points de la Regle, qui est un maigre perpetuel ; qu'elle fût extrémement incommodée ; qu'elle voulût absolument en sortir, & que ses Parents, sa Mere, & ses Freres l'en sollicitassent à tout moment, & le souhaitassent avec ardeur ; & il prenoit ce ridicule pretexte qu'il ne vouloit pas y consentir, à moins que Dieu ne marquât par quelque miracle éclatant que c'étoit-là sa volonté. Rien n'est plus singulier que de voir un Jesuite exiger des miracles à chaque pas : On voit bien que ce n'étoit là qu'un écart pour la tenir toute sa vie dans ce Couvent, & pour la forcer à se faire Relieuse malgré elle, & malgré ses parents ; il falut que Mr. l'Evêque donna des ordres les plus exprès pour sa sortie, & même qu'il l'envoyât prendre par l'Abbé Camerle son Aumonier dans son phaëton ; l'Accusé craignoit que si elle sortoit de ce Monastere, elle ne quittât sa Direction, & qu'il ne perdît cette chere Penitente, cette Maitresse qu'il adoroit, parce qu'il étoit persuadé qu'il n'avoit pas d'autre moyen pour se la conserver, & pour s'assurer toûjours plus le secret de ce mistere d'iniquité. Peut-on imaginer une conduite plus criante devant Dieu & devant les hommes ? Depuis quand les Jesuites croyent-ils que Dieu accepte des holocaustes involontaires, & que la volonté qui fait tout le merite du Sacrifice, & toute la substance du Vœu, suivant les Canons, n'est plus necessaire dans les Professions Religieuses ? Par quel aveuglement veulent-ils tirer d'une pareille demarche la justification de leur Confrere, & la preuve de son innocence, tandis qu'elle prouve necessairement que ce ne pouvoit être que par un effet de la plus aveugle passion, qu'il fouloit ainsi aux pieds les Loix les plus saintes de la Religion ? C'est ainsi que tout ce qu'ils employent pour sa deffense, ne sert qu'à sa condamnation.

Reponse à la dixieme deffense du P. Girard fondée sur ce qu'il a abandonné volontairement la direction de la Cadiere aprez s'étre aperçû qu'elle l'avoit trompé.

Il n'y a qu'une temerité outrée qui puisse venir dire ici que l'Accusé a abandonné volontairement la direction de la Demoisel. Cadiere après s'être aperçû qu'elle l'avoit trompé ; tandis que le contraire est prouvé par ses propres Lettres produites au procez. Ne diroit-on pas que la maniere dont ils deffendent ce procès n'est que pour donner une preuve éclatante à l'Univers entier, qu'ils sont les ennemis irreconciliables de la verité.

Pour soutenir ce paradoxe, ils rapellent ici les termes de sa Lettre refaite du 22. Août, & quelques lambeaux de celles de la Demoisel. Cadiere des 1. 5. & 9. Septembre, qu'ils ont déja raportés dans le premier chapitre de leur Memoire, & ils veulent conclurre de là, 1°. Que la Demoisel. Cadiere ou son Frere le Jacobin avoient donné quelque copie du Memoire du Careme. 2°. Que c'est cette faute, dont elle lui demande pardon, & tâche de le fléchir, & de lui persuader de continuer sa Direction, parce qu'elle voyoit bien que la reputation de sa sainteté dependoit de la continuation de sa Direction, mais qu'il demeura inflexible, parce qu'il avoit reconnu ses impietez sacrileges.

A les entendre parler, ne diroit-on pas qu'il n'y a point de salut hors des Jesuites, & que la Sainteté est hipostatiquement unie à la Société ? Il est vrai que celle dont l'Accusé avoit decoré sa Penitente pourroit bien passer pour en être l'apanage. Mais nous avons fait voir dans nôtre Réponse à la premiere deffense de ce Jesuite, où nous avons discuté toutes ses Lettres :

1°. Qu'il n'est pas vray que la Demoiselle Cadiere, ni son Frere le Dominicain eussent repandu aucune copie du Memoire du Careme, & que le Querelé avoit bien été en peine d'en raporter aucune preuve.

2°. Que la faute dont elle s'excuse dans les Lettres des 26. Août, 1. 5. & 9. Septembre n'étoit que celle qu'il lui avoit persuadé qu'elle avoit faite, en formant le dessein de le quitter.

3°. Que jamais l'Accusé ne l'a convaincuë d'aucune fourberie, ni d'aucune imposture; & que c'eſt au contraire lui qui eſt convaincu d'en avoir employé les plus indignes, & les plus ſacrileges pour tromper cette pauvre Fille ſous les aparences de la vertu, & ſous des pretextes de Religion.

Au reſte, c'eſt un excès de mauvaiſe foy de la part de l'Accuſé, de dire que depuis le 22. Août il n'avoit plus écrit à la Demoiſ. Cadiere: il ſçait bien qu'il avoit continué de lui écrire, mais qu'il prenoit la précaution de lui envoyer ſes Lettres par une de ſes penitentes ſtigmatiſées, qui avoit ordre de les raporter quand elle les avoit lûës, & c'eſt ce qui prouve toûjours mieux ſon dol.

Enfin s'il étoit poſſible qu'il pût ſortir une verité de la bouche de ce Jeſuite, n'auroit-il pas convenu que c'eſt la Demoiſelle Cadiere qui l'a quitté malgré lui; & n'en avons-nous pas trois preuves abſolument inconteſtables?

La premiere ſe tire de la Lettre de l'Accuſé du 22. Août, par laquelle il paroit que Mr. l'Evêque ayant formé la reſolution de tirer la Demoiſelle Cadiere de la direction de ce Jeſuite, celui-cy pour l'en détourner, & pour lui perſuader, que depuis lors tous les prodiges qui s'operoient en elle avoient ceſſé, & que Dieu n'aprouvoit pas ſon deſſein, il ordonne à ſa penitente de dire à Mr. l'Evêque, que ſes ſtigmates étoient fermés, avec deffenſe de les lui montrer, afin qu'il ne ſe convainquît pas du contraire; de ne lui faire que des reponſes vagues, & confuſes; de lui cacher ſes états; & ſur tout la connoiſſance qu'elle avoit de l'interieur des conſciences; de ne s'expliquer ni ſur ſon interieur, ni ſur celui d'aucune autre perſonne, qui pût en inſtruire le Prelat, comme nous l'avons prouvé par l'Analiſe que nous avons fait de cette Lettre. S'il avoit regardé cette Fille, comme une fourbe & comme une impie, dont il ne voulût plus continuer la direction, auroit il employé cette indigne ſupercherie, & cet abus de ſon miniſtere pour cacher la continuation de ſes états à Mr. l'Evêque, & pour le diſſuader de la reſolution qu'il avoit priſe de la tirer de ſes mains?

La ſeconde preuve ſe tire de la Lettre qu'il fit écrire par la Guiol ſa Confidante à la Demoiſ. Cadiere le 30. du même mois d'Août, où l'on voit que la menace qu'elle lui avoit faite de le quitter l'avoit jetté dans la derniere des deſolations, dans un redoublement de deſolation, comme il dit lui-même, & dans le deſeſpoir, qu'il depeint d'une maniere ſi touchante, pour l'attendrir, & par laquelle il emploit tout ce que l'art d'aimer a de plus tendre, & de plus ſéduiſant pour la ramener à une reconciliation, qui étoit le ſeul port où ſon cœur pouvoit retrouver le calme, & dont il lui exagere tant le bonheur & les charmes.

La derniere preuve ſe tire de la Lettre du Querelé du 15. Septembre, qui eſt l'avant-veille de la ſortie de cette Fille du Couvent, & par laquelle on voit malgré tous les deguiſemens Jeſuitiques, dont elle eſt aſſaiſonée, toute l'amertume qu'il trouvoit dans le congé qu'elle lui avoit donné. Il ſuffit d'en raporter ici quelques fragments, pour le couvrir de confuſion ſur l'impoſture qui fait ici le ſujet de ſa deffenſe. *Hier au ſoir à mon retour, on me remit vôtre derniere Lettre, qui ne renfermoit autre choſe que l'invitation d'aller à Ollioules. Ce que vous me dites pourtant de plus particulier dans vôtre entretien, ma chere Fille, du moins ce qui me le parut, fut l'article d'un Confeſſeur, ſur le beſoin duquel vous inſiſtates plus d'une fois.* L'Accuſé vouloit donc perſuader à la Demoiſelle Cadiere de ne pas quitter ſa direction; mais elle inſiſta toujours à vouloir un autre Confeſſeur. C'eſt donc elle qui l'a quitté malgré lui.

Je prends le parti de ceder la place, & ſans bruit, & de laiſſer le champ libre à celui que vous choiſirez, ou que vous avez deja choiſi. Cela prouve qu'il croyoit non ſeulement qu'elle avoit reſolu de prendre un autre Directeur, mais encore qu'elle en avoit deja fait le choix; en effet Mr. l'Evêque avoit deja chargé de ſa direction le Pere Nicolas. Qu'il dût coûter à ſon cœur d'abandonner cette place!

Je ne dirai ſur ce changement autre choſe à quiconque pourroit m'en parler, ſi non que je n'avois pas aſſez de tems, pour vous aller confeſſer regulierement à la Baſtide; & vous pourrez vous-même vous en tenir à cette unique raiſon. Voilà la vanité du Jeſuite, qui ne veut pas qu'il ſoit dit qu'on le quitte, & qui pour donner le change au public, inſpire à la Demoiſelle Cadiere un menſonge, & de dire que c'eſt parce qu'il ne pouvoit pas l'aller confeſſer à la campagne.

Cela n'empechera point que si vous croyez dans la suite mes avis utiles, ou necessaires vous ne puissiez en toute liberté vous adresser à moy; & que je ne sois toûjours de ma part disposé à vous rendre tous les petits services dont je seray capable. S'il avoit regardé la Demoiselle Cadiere comme une fourbe impie qu'il eût voulût abandonner, lui auroit-il fait une pareille offre de service? Lui auroit-il dit, qu'elle pouvoit en toute liberté s'adresser à lui, & qu'il seroit toûjours disposé à lui rendre tous les services dont il seroit capable? *Je suis & serai toujours tout à vous dans le Sacré Cœur de Jesus.* Est ce là le langage d'un homme qui se separe avec indignation, ou d'un homme qui fait la protestation d'un attachement inviolable? Aussi les Jesuites qui sentent toute la force des endroits que nous venons de raporter de cette Lettre, ont pris la peine d'en retrancher la plûpart dans leur Memoire. Ne faut-il pas avoir renoncé à toute verité pour oser dire que l'Accusé a quitté lui-même la Demoiselle Cadiere, parce qu'il l'avoit convaincuë de fourberie & d'imposture?

Enfin pour fermer la bouche au Querellé dans un seul mot sur les fourberies, & les impostures qu'il impute si faussement à la Demoiselle Cadiere & qui ne sont que de sa part; ne nous suffiroit-il pas de lui oposer ici, qu'il en a si bien reconnu la probité, & la vertu lors de sa confrontation mutuelle avec elle, qu'il n'a proposé aucun objet contre elle, & a declaré même expressement qu'il la regardoit comme une sainte Fille. Ce n'est pas ici un mineur, ni une personne violentée, qui ait fait cet aveu, c'est un majeur de 50. ans, un Jesuite très-éclairé, & très-rusé qui a toûjours joüi de toute sa liberté, & qui a été la seule Partie libre, qui a fait cet aveu judiciaire. N'est-il pas non recevable a tenir aujourd'hui un autre langage, & à la traiter de fourbe & d'imposture?

Nous avons prouvé jusques ici la fausseté de la fourberie, des contradictions, des mensonges, qu'on impute à la Demoiselle Cadiere, que sa conduite en a toujours été exempte, & que c'est le P. Girard lui même, qui en est convaincu, & d'avoir trompé cette pauvre Fille de la maniere la plus indigne, & d'avoir prophané pour cela ce que la Religion a de plus saint. Passons maintenant à la seconde Partie du Memoire du Querellé, & montrons que tout ce que ses Confreres ont imaginé pour affoiblir les preuves de ses crimes, n'est fondé que sur des suppositions, & des équivoques. Mais comme il nous est important que Messieurs les Juges & le Public soient bien-tôt instruits de nôtre Réponse, à la premiere partie de leur second Memoire, où ils ont employé tout ce que l'art de mentir a de plus séduisant, nous avons crû la devoir donner presentement, dans le tems que nous travaillons à faire la Réponse à leur seconde Partie, & à la faire imprimer.

Fin de la premiere Partie.

CATHERINE CADIERE.

CHAUDON Avocat.

AUBIN Procureur.

Monsieur le Conseiller de VILLENEUVE D'ANSOUIS
Raporteur.

A AIX,
De l'Imprimerie de RENE' ADIBERT Imprimeur du Roy.

www.ingramcontent.com/pod-product-compliance
Lightning Source LLC
LaVergne TN
LVHW020005180726
843503LV00008B/3808